Soul Seeds

CAROLYN MARY KLEEFELD

Simenzi di l'arma
Rivelazzioni e disegni

Soul Seeds
Revelations & Drawings

Semi dell'anima
Rivelazioni e disegni

**Foreword by / Prefazione di
Laura Archera Huxley**

**Translated into Sicilian & Italian by/
Traduzione siciliana e italiana di
Gaetano Cipolla**

Published in cooperation with Cross-Cultural Communications

LEGAS

Library of Congress Cataloging-in-Publication Data

Kleefeld, Carolyn Mary, author, illustrator.

Soul seeds : revelations & drawings = semi dell'anima rivelazioni e disegni / Carolyn Mary Kleefeld ; foreword by = Prefazione di Laura Archera Huxley ; translated into Italian and Sicilian by = Traduzione italiana e siciliana di Gaetano Cipolla.

pages cm

Summary: "This is a collection of aphorisms written by Carolyn Mary Kleefeld, translated into Sicilian and into Italian by Professor Gaetano Cipolla. The book also contains illustrations by Carolyn Mary Kleefeld"-- Provided by publisher.

ISBN 978-1-939693-01-3 (pbk.)

I. Cipolla, Gaetano, 1937- translator. II. Title.

PS3561.L339S6816 2014

811'.54--dc23

2014035095

Acknowledgments

Some of the sayings in *Soul Seeds* have appeared in other contexts in Carolyn's books, *Climates of the Mind* and *The Alchemy of Possibility: Reinventing Your Personal Mythology.* The other sayings were taken from Carolyn's journals written from 1997 through 2008. Many of the sayings, together with Carolyn's fine art, were exhibited in the show, *A Journey to the Healing Place: Healing Through Art, Poetry and Reflective Prose,* at the City Hall, Seaside, California, October 2002.

Inquiries about *Soul Seeds* and Carolyn's artwork and other books should be addressed to Atoms Mirror Atoms, Inc. PO Box 221693 Carmel, California 93922 USA

(800) 403-3635 (831) 667-2433 info@carolynmarykleefeld.com

www.carolynmarykleefeld.com

Cover, *Tree Raku* by Carolyn Mary Kleefeld, oil on canvas 40" x 30"

Author's photograph, Dennis Wyszynski

Legas

P.O. Box 149   3 Wood Aster Bay

Mineola, New York   Ottawa, Ontario

11501, USA   K2R 1D3 Canada

legaspublishing.com

Dedicu *Simenzi di l'arma* a la me amata amica e musa,
Laura Archera Huxley.
Nta la vita e la morti, tu nni dasti l'esempiu
di comu si pò renniri possibili l'impossibili.
Vivi dintra di mia comu na torcia d'amuri e ispirazioni.

I dedicate *Soul Seeds* to my beloved friend and muse,
Laura Archera Huxley.
You exemplified in both your living and in your dying
how to make the impossible possible.
You live on within me as an undying torch of love and inspiration.

Dedico *Semi dell'anima* alla mia ben amata amica e musa,
Laura Archera Huxley.
Tu, nella vita e nella morte, hai dato esempio
di come si possa rendere possibile l'impossibile.
Vivi dentro di me come una fiaccola d'amore e ispirazione.

Cu prufunna ricanuscenza
pi la so nutevuli abbilità e devozioni
pi la criazioni di la versioni taliana e siciliana di *Soul Seeds*,
dedicu sta edizioni puru a
Gaetano Cipolla e a Stanley H. Barkan.

With my deepest appreciation
for their remarkable skills and devotion
in creating the Italian/Sicilian version of *Soul Seeds,*
I dedicate this edition also to
Gaetano Cipolla and Stanley H. Barkan.

Con profondo riconoscimento
per la loro notevole abilità e devozione
nel creare la versione italiana e siciliana di *Soul Seeds*
dedico questa edizione anche a
Gaetano Cipolla e a Stanley H. Barkan.

Ringraziamenti

A tutti ddi anciuli-guardiani ca nto so modu straurdinariu hannu junciutu oru a sti simenzi.

A li amati matrozzi di *Simemzi di l'arma*: Kirtana, palumma sarvaggia ca canta beddi e prufunni canzuni, lu pazienti cori d'anciulu e geniu organizzativu di la quali curau e cultivau sti simenzi pir tanti luni.

E a Patrizia Holt, l'unicornu ardenti ca mi accompagna nta viaggi filosofici miravigghiusi e criativi e la cui vasta ginirusità di l'essiri è prufunnamenti radicata a lu me travagghiu, rinnennu possibili la cumpilazioni di sta opira e di autri a veniri.

A David Wayne Dunn cu prufunnu amuri e ricanuscenza di la nostra rara amicizia puetica e di li so straurdinarii opiri criativi e ispiratrici.

La terra di sti simenzi fu arriccuta assai di Ronna Emmons, artista e maistra straurdinaria cu la quali dividiu tanti magici safari di spirimenti e scuperti criativi.

Esprimu la me sincera gratitudini a Michael Zakian pir la so brillanti cumpitenza comu curaturi di museu e prufissuri di storia di l'arti. Apristi li porti pirchì i me simenzi di l'arma putissiru comunicari cu lu munnu chiù vastu. Apprezzu prufunnamenti la to senzibilità e l'espansività di la to visioni.

La me gratitudini va puru a John Dotson, Stanley H. Barkan, David Jay Brown, e Birgit Maddox pir li so contributi essenziali. Inoltri a Deanna McKinstry-Edwards, PhD, Dr. Piero Ferrucci, Chungliang Al Huang, Evelyne Blau, Dr. Mani Bhaumik, e Kodiak Greenwood.

Un amuri speciali e gratitudini vannu a John Larson, lu guardianu di Pankosmion e lu pazienti Nuè di l'Arca pir la so attenzioni eccezziunali e divuzioni.

Un amuri nfinitu e ricanuscenza vannu a Linda Parker e a Laura Zabrowski, anciuli-guardiani pir la so eccezziunali ginirusità, fedeltà e capacità dinamichi.

Tantu amuri e ricanuscenza puru pir li armi d'oru di Gail Bengard, Marla Bell, Alice e Gina Russell, Lia Zakian, Linda Jacobson, David Campagna, Cathy Jaeger, Valerie Corral, Natalie Van Allen, Sarah Staples, Auspet Jordan, Jai Italiander, Edna Isman, Marilyn Bihari, Michael Emmons, Scott Parker, Sharyn Adams, Evan Landy, Shanna Mahin, Dr. Roy e Anita Auerbach, Ray Smith e Ralph Abraham, Carla Kleefeld e Celeste Worl, Dr. Paul Fleiss, Dr. Ralph Potkin and Eugenia Galvas, George e Peggy DiCaprio, Dr. Bernfried Nugel, Butch Shuman, Karen e Kaya Pfeiffer, Dan Hirsch, Diane Whitmore, Dorothy Tomezesko, Stacey and Dean Chamberlain, Michael Frederick, Oscar Nolan e Glen Cheda

6

ACKNOWLEDGMENTS

To all the angel-guardians who, in their own extraordinary ways, have added their gold to these seeds.

To the cherished godmothers of *Soul Seeds*: Kirtana, wild dove who sings beautiful and profound songs, and whose patient angel heart and organizational genius edited and cultivated these seeds over many moons.

And Patricia Holt, the flaming unicorn who travels with me on wondrous and creative philosophical journeys, and whose vast generosity of being is deeply rooted to my work, making this compilation and subsequent publication possible.

To David Wayne Dunn with my deep love and great appreciation for our rare poetic camaraderie and for your most extraordinary and inspiring creative works.

The ground of these seeds was greatly enriched by Ronna Emmons, artist and teacher extraordinaire, with whom I have shared many magical safaris of creative experiment and discovery.

My heartfelt gratitude to Michael Zakian for your brilliant expertise as a museum curator and art history professor. You have opened the doors for my soul seeds to communicate with a larger world. I deeply appreciate your sensitivity and the expansiveness of his vision.

My loving gratitude also goes to John Dotson, Stanley H. Barkan, David Jay Brown, and Birgit Maddox for your most essential contributions. Also to Deanna McKinstry-Edwards, PhD, Dr. Piero Ferrucci, Chungliang Al Huang, Evelyne Blau, Dr. Mani Bhaumik, and Kodiak Greenwood.

With extra special love and gratitude to John Larson, the guardian of Pankosmion and patient Noah of the Ark, for your exceptional care and devotion.

With endless love and appreciation to angel-guardians Linda Parker and Laura Zabrowski for your outstanding generosity, loyalty and dynamic capabilities.

With much love and appreciation also to the golden souls of Gail Bengard, Marla Bell, Alice and Gina Russell, Lia Zakian, Linda Jacobson, David Campagna, Cathy Jaeger, Valerie Corral, Natalie Van Allen, Sarah Staples, Auspet Jordan, Jai Italiander, Edna Isman, Marilyn Bihari, Michael Emmons, Scott Parker, Sharyn Adams, Evan Landy, Shanna Mahin, Dr. Roy and Anita Auerbach, Ray Smith and Ralph Abraham, Carla Kleefeld and Celeste Worl, Dr. Paul Fleiss, Dr. Ralph Potkin and Eugenia Galvas, George and Peggy DiCaprio, Dr. Bernfried Nugel, Butch Shuman, Karen and Kaya Pfeiffer, Dan Hirsch, Diane Whitmore, Dorothy Tomezesko, Stacey and Dean Chamberlain, Michael Frederick, Oscar Nolan and Glen Cheda.

Ringraziamenti

A tutti gli angeli-guardiani che nel loro modo straordinario hanno aggiunto oro a questi semi.

Alle amate madrine di *Semi dell'anima*: Kirtana, colomba selvaggia che canta belle e profonde canzoni, il cui paziente cuore d'angelo e genio organizzativo ha redatto e coltivato questi semi per tante lune.

E a Patrizia Holt, l'unicorno fiammante che mi accompagna in viaggi filosofici meravigliosi e creativi e la cui vasta generosità dell'essere è profondamente radicata al mio lavoro, rendendo possibile la compilazione di questa opera e di altre a venire.

A David Wayne Dunn con profondo amore e riconoscimento della nostra rara *camaraderie* poetica e delle sue straordinarie opere creative e ispiratrici.

La terra di questi semi è stata arricchita notevolmente da Ronna Emmons, artista e maestra straordinaria con la quale ho condiviso molti magici safari di esperimenti e scoperte creative.

Esprimo la mia sentita gratitudine a Michael Zakian per la sua brillante competenza quale curatore di museo e professore di storia dell'arte. Hai aperto le porte perché i miei semi dell'anima potesssero comunicare con il mondo più vasto. Apprezzo profondamente la tua sensibilità e l'espansività della tua visione.

La mia gratitudine va anche a John Dotson, Stanley H. Barkan, David Jay Brown, e Birgit Maddox per i loro contributi essenziali. Inoltre a Deanna McKinstry-Edwards, PhD, Dr. Piero Ferrucci, Chungliang Al Huang, Evelyne Blau, Dr. Mani Bhaumik, e Kodiak Greenwood.

Un amore speciale e gratitudine vanno a John Larson, il guardiano di Panknsion e il paziente Noè dell'Arca per la sua attenzione eccezionale e devozione.

Un amore infinito e riconoscenza vanno a Linda Parker e Laura Zabrowski, angeli-guardiani per la loro eccezionale generosità, fedeltà e capacità dinamiche.

Tanto amore e riconoscenza anche per le anime d'oro di Gail Bengard, Marla Bell, Alice e Gina Russell, Lia Zakian, Linda Jacobson, David Campagna, Cathy Jaeger, Valerie Corral, Natalie Van Allen, Sarah Staples, Auspet Jordan, Jai Italiander, Edna Isman, Marilyn Bihari, Michael Emmons, Scott Parker, Sharyn Adams, Evan Landy, Shanna Mahin, Dr. Roy e Anita Auerbach, Ray Smith e Ralph Abraham, Carla Kleefeld e Celeste Worl, Dr. Paul Fleiss, Dr. Ralph Potkin e Eugenia Galvas, George e Peggy DiCaprio, Dr. Bernfried Nugel, Butch Shuman, Karen e Kaya Pfeiffer, Dan Hirsch, Diane Whitmore, Dorothy Tomezesko, Stacey and Dean Chamberlain, Michael Frederick, Oscar Nolan and Glen Cheda.

Prefazioni

Litturi, attenzioni! Nun sulu stati liggennu puisia ricca d'immaginazioni, ma si chiantati qualsiasi di sti *Simenzi di l'arma*, pò succediri un sulenni risbigghiu. Scigghitini una comu veni veni ca vi tocca in modu particulari e viditi chi succedi.

Lassativi ncantari di st'immagini ariusi, di sti voli diversi nta l'immenzità di l'universu, sempri sapennu ca iddi sunnu pusati supra strutturi custruiti di espirienza e canuscenza.

Simenzi di l'arma di Carolyn Mary Kleefeld offri na guida psicologica e emozionali espressa nta un tonu chiù autu, vistutu di culuri magnifici e espressioni munnani.

Assaggiati sti 'simenzi di l'arma' comu meditazioni psico-spirituali e iddi ponnu causari na trasformazioni chiù mpurtanti di tanti uri di terapia.

FOREWORD

Reader beware! Not only are you reading richly imagined poetry, but if you apply almost any one of these 'soul seeds,' you will have a deep awakening. Choose the one to which you respond, and see what happens.

Let yourself be enchanted by these evanescent images, varying flights in the immensity of the Universe, yet be sustained by a structure based on knowledge and experience.

Carolyn Mary Kleefeld's Soul Seeds *offers psychological and emotional guidance expressed in a higher key—clothed in all kinds of magnificent color and worldly expression.*

Experience these 'soul seeds' as psycho-spiritual meditations and they may bring about a transformation greater than many hours of therapy.

Prefazione

Attenzione lettore! Non solo stai leggendo poesia riccamente immaginata, ma se applichi qualsiasi di questi "semi dell'anima", ti accadrà un profondo risveglio. Scegline uno che ti tocca e vedi che succede.

Lasciati incantare da queste immagini evanescenti, da questi voli diversi nell'immensità dell'universo, eppure supportati da strutture basate sulla conoscenza e sull'esperienza.

Semi dell'anima di Carolyn Mary Kleefeld offre una guida psicologica e emozionale espressa con un tono più alto—vestita di tanti magnifici colori e espressioni mondane.

Accogli questi "semi dell'anima" come meditazioni psico-spiri-
tuali e possono far nascere una trasformazione più grande di tante ore di
terapia.

—Laura Archera Huxley
Author, *You Are Not the Target* and *This Timeless Moment*,
Founder, President, Children: Our Ultimate Investment

Prolugu

Nton mumentu quannu idelogii siparatisti amminazzanu lu munnu e lu futuru di l'umanità, *Simenzi di l'arma* di Carolyn Mary Kleefeld è midicina pi l'arma assidiata di l'umanità. Ognuna di li "simenzi di l'arma," nta stu libru, espressa in modu pueticu e cristallinu, ha lu putiri d'apriri munni di pinzeri espressivi chiù vasti. Offri a lu litturi un dialogu supra lu misteru di cui e chi è la vita a la basi mentri jetta radichi e duna fruttu ntra li nvisibili e visibili currenti e ritmi dâ vita tirrena.

Sulu un artista ca ha avutu lu curaggiu di affruntari li vuci e lu tempu di l'arma ca spissu sunnu tradituri, cunfusi, e siducenti, comu fici la signura Kleefeld, pò scriviri cu tanta luminusità e ispirazioni. Na saggizza ca ti leva lu ciatu.

PROLOGUE

At a time when separatist ideologies imperil the Earth and humanity's future, Carolyn Mary Kleefeld's Soul Seeds *is medicine for the beleaguered soul of humanity. In language poetic and crystalline, each one of the seeds in this book has the power to open worlds of expressive and expanded thinking. It offers its readers a dialogue in the Mystery of who and what life may be as it roots and blooms between the invisible and visible currents and rhythms of earthly life.*

Only an artist who has braved the bewildering, rapturous and oftentimes treacherous voices and weather of soul, as Ms. Kleefeld does, could write with such luminosity and inspiration. Breathtakingly wise.

Prologo

In un momento quando ideologie separatiste mettono in pericolo la Terra e il futuro dell'umanità, *Semi dell'anima* di Carolyn Mary Kleefeld è un farmaco per l'anima assillata dell'umanità. In un linguaggio poetico e cristallino, ognuno dei semi di questo libro ha il potere di aprire mondi di pensieri espressivi ed ampliati. Offre ai lettori un dialogo nel Mistero di chi e di cosa possa essere la vita mentre affonda le radici e germoglia tra le correnti invisibili e visibili e i ritmi della vita terrena.

Solo un artista che ha osato esporsi al tempo dell'anima, ascoltando con coraggio le sue voci allarmanti, estatiche e spesso traditrici, come ha fatto Carolyn Kleefeld, può scrivere con tale luminosità e ispirazione. Una saggezza mozzafiato.

—Deanna McKinstry-Edwards, Ph.D.

Purtali a l'oraculu di dintra

Binchì *Simenzi di l'arma* si travesti comu un semplici libru di carta e nchiostru, l'oraculu viventi offri na guida d valuri pi navigari di regni limitati a autri regni chiù libiri.

Simenzi di l'arma, comu a l'autru libru di Carolyn Mary Kleefeld, *The Alchemy of Possibility,* è na guida espirienziali a la scuperta di niautri stissi ca duna assai opportunità di esclamari "ahà". Comu lu libru dî Tarocchi e di lu I Ching, pò essiri usatu comu un strumentu interattivu, oraculari, facennu na dumanna e aprennu lu testu a casu pi vidiri chi novi intuiti ponnu essiri ricugghiuti di na particulari simenza di l'arma.

Ogni simenza di l'arma quannu veni spirimintata di un ciriveddu fertili, havi lu putenziali di sbucciari, pigghiari radica, e crisciri ntôn jardinu chinu di rivelazzioni significativi e pirsunali. Comu sussurri di lu nostru DNA, o li missaggi divini ca ncuntramu nta li sonnura, sti simenzi di l'arma, espressi accussì squisitamenti e cu gran cuncisioni sunnu comu li specchi prismatici e ngiuiellati ca riflettunu lu missaggiu ca semu pronti a sentiri, nta la sincronicità di lu mumentu.

La ntinzioni di stu libru è chidda di offriri un canciu di pruspittiva ca risbigghia e libira lu spiritu quannu la menti è fissata nta modi di pinzari dittati e cundiziunti culturalmenti. Servi puru comu manuali pi la trasfurmazioni alchemica di la cuscenza. Tinitivi *Simenzi di l'arma* supra lu cumudinu di lu lettu comu un amicu fidatu e purtativillu cu vuiautri unni iti iti, cunsultannulu quannu vi sintiti cunfusi di la vita o curiusi di sapiri chi virità s'ammuccianu darreri a lu velu.Vi pò apriri l'occhi a nfiniti possibilità e vi pò guidari cu grazia a li sigreti celestiali ca v'aspettanu dintra.

PORTAL TO THE ORACLE WITHIN

Although Soul Seeds *masquerades as merely a paper-and-ink book, this living oracle offers valuable guidance for navigating from the limited to the more liberated realms.*

As with Carolyn Mary Kleefeld's earlier book The Alchemy of Possibility, Souls Seeds *is an experiential guide to self-discovery, with the opportunity for many 'aha' moments. Like the Tarot or the I Ching, it can be used as an interactive, oracular tool, by posing a question, then opening the book at random to see what fresh insight may be gained from a particular 'soul seed.'*

Each 'soul seed,' when experienced by a fertile mind, has the potential to sprout, take root, and grow into a whole garden of personally meaningful revelations. Like whispers from our DNA, or the divine messages we encounter in dreams, these exquisitely and succinctly-expressed 'soul seeds' are like bejeweled, prismatic mirrors reflecting back the message that we are 'ready' to hear, in the synchronicity of the moment.

The intent of this book is to provide an evolutionary shift in perspective that awakens and frees the spirit when the mind is stuck in culturally-conditioned ways of thinking. It also serves as a manual for the alchemical transformation of consciousness. Like a trusted companion, keep Soul Seeds *by your bedside, carry it with you wherever you go, and consult it when you're feeling confused about life or curious about the timeless truths that lie beyond the veil. It will help open your eyes to infinite possibility, and graciously guide you to the celestial secrets awaiting within.*

Portale all'oracolo interno

Benché *Semi dell'anima* si travesta come un semplice libro di carta e inchiostro, quest'oracolo vivente offre una guida di valore per navigare dal limitato a regni più liberi.

Come per il precedente libro di Carolyn Mary Kleefeld, *The Alchemy of Possibility, Semi dell'anima* è una guida esperienziale verso la scoperta di sé con numerose opportunità di momenti di scoperta. Come il libro dei Tarocchi o l'I Ching, può essere usato come uno strumento oracolare, interattivo, ponendo un quesito e aprendo il libro a caso per vedere che nuove illuminazioni possono nascere da un particolare seme dell'anima.

Ogni seme dell'anima, quando sperimentato da una mente fertile, ha il potenziale di germogliare, radicarsi e crescere in un intero giardino di rilevanti rivelazioni personali. Come sussurri dal nostro DNA o i messaggi divini che incontriamo nei nostri sogni, questi semi dell'anima espressi con squisitezza e concisione sono come specchi prismatici incrostati di gioielli che riflettono il messaggio che siamo pronti a sentire nella sincronicità del momento.

Lo scopo del libro è di fornire un cambio di prospettiva evoluzionario che risvegli e liberi lo spirito quando la mente è imprigionata in modi di pensare condizionati dalla cultura. Esso può essere utilizzato anche come manuale per la trasformazione alchemica della coscienza. Tenete *Semi dell'anima* sul comodino del letto come un amico fidato, portatelo con voi dovunque andiate e consultatelo quando vi sentite confusi sulla vita o curiosi sulle verità atemporali che stanno dietro il velo. Vi aprirà gli occhi a infinite possibilità, vi guiderà con grazia ai segreti celestiali che v'aspettano all'interno.

—David Jay Brown
Author, *Mavericks of the Mind* and
Conversations on the Edge of the Apocalypse

Table of Contents

16

Disegni di l'autrici / Drawings by the author / Disegni dell'autrice

[I]

La singularitati â basi dâ multiplicità

THE ONENESS UNDERLYING MULTIPLICITY

La singolarità alla base della molteplicità

Ognadunu di niautri è na ciamma dintra dâ furnaci eterna
ca jetta un raggiu essenziali nta l'infinità.

Each of us is a flame within the eternal kiln,
casting an essential ray into infinity.

Ognuno di noi è una fiamma dentro la fornace eterna
che getta un raggio essenziale nell'infinità.

∞

Semu tutti putenzi e strumenti dâ Natura
e esprimemu ogni gridu e sussurru so
nta na sinfunia di criazioni ca cancia cuntinuamenti.

We are all forces and instruments of Nature
expressing her every whisper and scream
in an ever-evolving symphony of creation.

Siamo tutti potenze e strumenti della Natura
ed esprimiamo ogni suo grido e sussurro
in una sinfonia di creazione in continua evoluzione.

∞

Quannu supiramu li nostri dualità, capemu ca dintra dâ
nostra diversità c'è la nostra ricunciliazioni.

When we transcend our dualities,
we understand that within our diversity lies our reconciliation.

Quando trascendiamo le nostre dualità, comprendiamo
che all'interno della nostra diversità c'è la nostra riconciliazione.

∞

È ntâ summa intera di quacchi cosa ca pò appariri la santità.

It is in the Whole of something that holiness may appear.

È nell'Interità di qualcosa che la santità può apparire.

Si cinzuramu la nostra ricettività a qualunqui aspettu di l'umanità,
cinzuramu dda parti di niautri stissi.

If we censor our receptivity to any facet of humanity,
we censor that part of ourselves.

Se censuriamo la nostra ricettività a qualsiasi aspetto dell'umanità,
censuriamo quella parte di noi stessi.

∞

Ogni cosa viventi havi liami invisibili
ca s'allonganu in tutti li direzioni.
Ogni pitruzza ca cadi junci nautra currenti a li piscini di l'infinitu.
È d'accussì allura ca li suffirenzi di ogni pirsuna
ponnu essiri sintuti di tutti.

Every living thing has invisible tendrils
reaching out in all directions.
Each pebble that falls adds another current to infinity's pools.
So it is that each person's suffering
can be felt by all.

Ogni cosa viva ha invisibili viticci
che si estendono in tutte le direzioni.
Ogni sassolino che cade aggiunge un'altra corrente alle piscine
dell'infinito. È così quindi che le sofferenze di ogni persona
possono essere sentite da tutti.

∞

Fussi beddu si putissimu capiri la nostra natura chiù prufunna,
la so relazioni câ totalità, mentri tissemu lu tissutu
dû distinu nta lu Granni Tilaru. È la nostra supravvivenza.

May we comprehend our deepest nature,
its relationship to the Whole, as we weave our fabric
of destiny into the Vast Loom. It is our survival.

Che si possa comprendere la nostra natura più profonda,
la sua relazione con la Totalità, mentre tessiamo il tessuto
del destino nel Vasto Telaio. È la nostra sopravvivenza.

Ogni jornu è un tessiri nta lu Cuntinuu,
na integrazioni ca cumponi li cordi dû tempu
nta na sinfunia eterna.

Each day is a weaving in the Continuum,
an integration that composes the chords of time
into the eternal symphony.

Ogni giorno è un tessere nel Continuum,
un'integrazione che compone le corde del tempo
in una sinfonia eterna.

∞

La vita è na furnaci di musaici ca vibranu ntô caluri,
ogni pezzu ô postu ca ci apparteni
nta nu gigantiscu puzzle di disegni diffirenti.

Life is a kiln of mosaics vibrating in the heat,
each piece fitting together
in a giant jigsaw of diverse design.

La vita è una fornace di mosaici che vibrano nel calore,
ogni pezzo al posto che gli appartiene
in un gigantesco puzzle di disegni differenti.

∞

Chiddu ca succedi a la specii umana,
â nostra terra, incidi puru supra la vita galattica
in maneri ca nun nni putemu mmaginari.

What is happening to the human species,
to our Earth, also affects galactic life
in unimaginable ways.

Quello che succede alla specie umana,
alla nostra terra, incide anche sulla vita galattica
in modi non immaginabili.

Quannu facemu i cunti cu niautri stissi e cu li effetti c'avemu supra
a tutti l'autri criaturi viventi, allura putemu aviri menu miseria.

*We will have less impoverishment when we account for ourselves
and our effect on every other living creature.*

Avremo meno povertà quando faremo i conti con noi stessi e con gli
effetti che abbiamo su ogni altra creatura vivente.

∞

Mentri sciugghiemu i cunfini arbitrari dî nostri paisi,
costruemu ponti di cumpassioni
ca si jazzanu chiù auti di la siparazioni causata dû bisognu di difinnirisi

*As we dissolve the arbitrary boundaries of our countries, our souls,
we build bridges of compassion,
transcending the separation born of defense.*

Mentre sciogliamo i confini arbitrari dei nostri paesi,
edifichiamo ponti di compassione
che trascendono la separazione nata dal bisogno di difenderci.

∞

Cu semu niautri a giudicari la Matri Natura
o a dicidiri cu è supiriuri o nfiriuri, illuminatu o barbaru?
Tutti niautri esistemu comu ngridienti dâ Suppa Cosmica.
E semu essenziali ognadunu cu li so modi originali,
senza riguardu pi la nostra valutazioni.

*Who are we to judge Mother Nature
or decide who is superior or inferior, enlightened or barbaric?
All exist as ingredients in the Cosmic Soup
and are essential in their own unique ways,
regardless of our evaluation.*

Chi siamo noi a giudicare la Madre Natura
o a decidere chi sia superiore o inferiore, illuminato o barbarico?
Tutti esistiamo come ingredienti della Zuppa Cosmica.
E siamo essenziali ognuno coi propri modi unici,
indifferentemente dalla nostra valutazione.

23

Pi canciari avemu a essiri cuscenti di lu pulsari junciutu
di ogni criatura viventi.
Ogni abusu suffrutu havi un effettu a boomerang.
Ogni sbarra ca mprigiuna a quaccadunu, firisci a tutti.

To evolve, we must be aware of the unified pulse
of every living creature.
Every abuse inflicted has a boomerang effect.
Every bar that imprisons one, wounds all.

Per evolvere dobbiamo essere coscienti del pulsare unito
di ogni creatura vivente.
Ogni abuso inflitto ha un effetto boomerang.
Ogni sbarra che imprigiona qualcuno, ferisce tutti.

∞

Si sintemu cumpassioni pi tuttu chiddu ca esisti,
purtamu avanti un dialogu cu li sussurri di smiraldu di l'universu.
Li traduzioni senza fini di la sinfunia infinita
ribbummanu tramiti i labirinti di li nostri parti interni.

If we have compassion for all that exists,
we are in dialogue with the emerald whispers of the universe.
The myriad translations of the infinite symphony
will reverberate throughout our labyrinthine interiors.

Se abbiamo compassione per tutto ciò che esiste,
conduciamo un dialogo con i sussurri di smeraldo dell'universo.
Le innumerevoli traduzioni dell'infinita sinfonia
rimbomberanno attraverso i labirinti delle nostri parti interne.

∞

Niautri semu la nostra stidda di riferimentu;
quannu semu in armunia cu lu Tuttu, risunamu cu tutta la criazioni.

We are our own self-referencing stars;
when in harmony with the Whole, we resonate with all of creation.

Siamo noi la nostra stella autoreferenziale; quando siamo
in armonia con il Tutto, risoniamo con tutta la creazione.

24

Nta la singularità ca sta â basi dâ multiplicità,
li cuntraddizioni infiniti dâ vita si ricuncilianu.

In the Oneness underlying Multiplicity,
the countless contradictions of life are reconciled.

Nella singolarità che è alla base della molteplicità,
le innumerevoli contraddizioni della vita si riconciliano.

∞

[II]

Autorità interna

INNER AUTHORITY

Autorità interna

Spiramu ca li nostri ntinzioni chiù boni nni ponnu guidari
nta li nostri ricerchi,
senza pinzari a li cunziguenzi.

May our highest intention lead us
in our pursuits,
independent of consequence.

Possano le nostre migliori intenzioni guidarci
nelle nostre ricerche,
indipendentemente dalle conseguenze

∞

Lu prucedimentu veru nun è l'imitazioni di chiddu ca cridunu l'autri.
La vera virità è già matri d'idda stissa.

Genuine process is not the imitation of another's beliefs.
True authority is authorship for oneself.

Il procedimento genuino non è l'imitazione del credo di altri.
La vera autorità è paternità per se stessa.

∞

Ha essiri semplici, drittu, fidili a la to anima;
annunca la mobilia ammunziddata malamenti nta lu ciriveddu
pò cummugghiari la to percezz ioni.

Be simple, direct—true to your soul;
otherwise the clumsy furniture of the mind
clutters perception.

Sii semplice, diretto—fedele alla tua anima;
altrimenti la goffa mobilia del cervello
ingombrerà la tua percezione.

Scutannu a la nostra anima, cultivamu la terra e niautri stissi.
Senza la nostra via interna unni passia la nostra arma, li nostri giardini
sunnu isuli deserti, tinuti di l'autra banna di li vasti ciumara
di autri spiriti, straneri davanti a li nostri occhi.

In listening to our souls, we cultivate ourselves, the Earth.
Without our inward soul-trodden path, our gardens
are desert isles, isolated from the vast streams
of other spirits, alien unto ourselves.

Ascoltando la nostra anima, coltiviamo la terra e noi stessi.
Senza la nostra via interiore, percorsa dall'anima, i nostri giardini
sono isole deserte, tenute in disparte dalle vaste fiumane
di altri spiriti, stranieri ai nostri occhi.

∞

Nta lu graduali prucessu d'illuminazioni,
li tiurii e li filusufii di autri ponnu nciammarini o validarini,
ma sulu l'espirienza pirsunali
pò fari nasciri lu nostru suli internu,
spargennu luci supra lu nostru caminu singulari versu lu regnu di dintra.

In the gradual process of enlightenment,
the theories and philosophies of others may ignite or validate us,
but only our direct experience
will dawn the light of our inward sun,
illuminating our unique path to the kingdom within.

Nel graduale processo di illuminazione,
le teorie e le filosofie degli altri possono accenderci o validarci,
ma solo l'esperienza diretta
farà sorgere il nostro sole interiore,
illuminando il nostro cammino singolare verso il regno di dentro.

Pirchí tagghiaricci l'ali a Pegasu
cu li forfici di la spiranza futura.
Lassati ca i vostri sonnura sonanu li ninninanni
dû vostru cori divintannu rapsudia.

Why clip the wings of Pegasus
with the shears of expectant hope.
Let your dreams orchestrate your heart's lullaby
and soar to the rhapsodic.

Perché tagliare le ali di Pegaso
con le forbici della speranza futura.
Lasciate che i vostri sogni orchestrino le ninnenanne
del vostro cuore e si alzino alla rapsodia.

∞

Puru ca semu funtani dî forzi dâ natura,
prigiuneri dâ nostra simenza genetica,
la ciamma dî nostri spiriti
è capaci di navigari versu lu nostru putenziali chiù autu.

Although we are fountains of Nature's forces,
captives of our genetic seed,
the flame of our spirits
is capable of navigating toward our highest potential.

Pur essendo fontane delle forze della Natura,
prigionieri del nostro seme genetico,
la fiamma dei nostri spiriti
è capace di navigare verso il nostro potenziale più alto.

La nostra luci nesci dâ nostra ecologia interna
e dâ nostra canuscenza di niautri stissi.
Quannu accittamu e rispittamu la nostra individualità,
ottinemu la libirtà e lu spaziu essenziali
pi fari nasciri la nostra inerenti natura.

Our light is beamed from our inner ecology and self-knowledge.
When we accept and respect our individuality,
we give ourselves the freedom and space
essential for our inherent nature to blossom.

La nostra luce sgorga dalla nostra ecologia interiore
e conoscenza di noi stessi.
Quando accettiamo e rispettiamo la nostra individualità,
otteniamo la libertà e lo spazio essenziali
per lo sbocciare della nostra inerente natura.

∞

[III]

Viviri cu curaggiu

LIVING BOLDLY

Vivere arditamente

Campari supra lu pricipiziu tra la vita e la morti
è comu bilanzari pricariamenti lu viviri supra li margini,
navigannu cu intuizioni sublimi.
Pi campari di stu modu ci voli tantu curaggiu
quantu cummattiri supra li campi di battagghia.
Comu acrobati nta la palestra cosmica,
chiù assaiamu di campari supra li margini
e chiù ntrasemu ntô regnu dû divinu.

To live the precipice between life and death
is a precarious balance of living the edges,
navigating with sublime intuition.
It takes as much courage to live this way
as it does to fight on the very battlefields of war.
As acrobats in the cosmic gymnasium,
the more we dare to live the edges,
the further our stretch into the Divine.

Vivere il precipizio tra la vita e la morte
è un bilanciare precario di vivere i margini
navigando con intuizione sublime.
Vivere in questo modo richiede tanto coraggio
quanto combattere sui campi di battaglia.
Come acrobati nella palestra cosmica,
più osiamo vivere i margini,
più ci addentriamo nel Divino.

∞

Essiri curaggiusi è un sport a tempu chinu, am'â essiri câ schina riggida
comu furasteri, mmiscannuni nzemmula cu autri rinnigati,
autri anarchici di lu spiritu mpriggiunatu.

Being brave is a full-time sport; we must stand tall as outsiders,
uniting with other renegades,
other anarchists of the caged spirit.

Essere coraggiosi è uno sport a tempo pieno, da estranei dobbiamo avere
la schiena rigida, associandoci ad altri rinnegati,
altri anarchici dello spirito ingabbiato.

Pi caminari cu lu spiritu liggeru ntô munnu
ci voli equilibriu e vigilanza.

To walk uplifted in the world
requires both balance and vigilance.

Per camminare con lo spirito risollevato nel mondo
ci vuole equilibrio e vigilanza.

∞

Ha essiri curaggiusu, accittannu di essiri sulu cu la to virità.
Ha aviri riverenza p'idda comu lu to crogiulu di luci.

Be bold, be willing to be alone with your truth;
revere it as your crucible of light.

Sii ardito, accettando di essere solo con la tua verità.
Abbi riverenza per lei come il tuo crogiuolo di luce.

∞

Picca di niautri avemu la capacità pi la virità.
Ancora chiù picca sunnu chiddi curaggiusi abbastanza pi dirila a paroli.

Few of us have the capacity for truth.
Fewer yet are brave enough to utter it.

Pochi di noi abbiamo la capacità per la verità.
Ancora meno numerosi sono quelli coraggiosi abbastanza per esprimerla.

∞

Nzignamenti senza midudda fannu crisciri prigiuni di scheritri.

Marrowless teachings grow skeletal prisons.

Insegnamenti senza midollo fanno crescere prigioni di scheletri.

34

Lu scantu scegghi lu preggiudiziu e la difisa
inveci di abbracciari la filosofia e la lluminazioni.

Fear chooses prejudice and defense
instead of embracing philosophy and enlightenment.

La paura sceglie il pregiudizio e la difesa
invece di abbracciare la filosofia e l'illuminazione.

∞

Pi essiri anarchici di spiritu s'havi a rischiari in manera totali,
rischiu di alienazioni, rischiu di essiri caputi mali
e quacchi vota rischiu di nun capirinni a niautri stissi.

Being an anarchist of the spirit requires total risk—
risk of alienation, risk of being misunderstood
and of sometimes not understanding oneself.

Essere anarchici dello spirito richiede rischio totale—
rischio di alienazione, rischio di essere fraintesi
e qualche volta rischio di non capire se stessi.

∞

Putemu criarinni l'ali, darinni lu dirittu di essiri libiri,
di campari sta vita passiggera comu si fussimu mmurtali,
e puru di amari ogni mumentu comu si fussi l'urtimu.

We can give ourselves wings, the right to be free spirits,
to live this transient life as if we were immortal,
and yet cherish every moment as if it is our last.

Possiamo crearci le ali, darci il diritto di essere spiriti liberi,
di vivere questa vita transeunte come se fossimo immortali,
ma anche amare ogni momento come se fosse l'ultimo.

Nun putemu aviri tuttu a menu ca nun rischiamu di perdiri
chiddu ca niautri cunziddiramu tuttu.

We never have it all,
unless we risk what we think all to be.

Non avremo mai tutto a meno che non rischiamo
quello che consideriamo tutto.

∞

[IV]

Lu silenziu nni rispunni

SILENCE ANSWERS US

Il silenzio ci risponde

La risposta havi a essiri accussì silinziusa ca li dumanni finisciunu.

The answer is to be so quiet that the questions stop.

La risposta deve essere così silenziosa che le domande finiranno.

∞

La pausa ntô muvimentu è unu di li ritmi basilari dâ natura.

Pause in motion is one of Nature's basic rhythms.

La pausa nel movimento è uno dei ritmi basilari della Natura.

∞

Quali paci è possibili quannu putemu abitari
lu silenziu funnu di l'essiri
ca sta sutta lu caos di la manifestazioni.

Ah, what peace is possible when we can dwell
in the silent depths of being
which underlie the chaos of manifestation.

Ah, che pace è possibile quando possiamo abitare
il profondo silenzio dell'essere
che soggiace il caos della manifestazione.

∞

La menti cria travagghiu inutili pi lu corpu,
specialmenti quannu semu nirvusi e caotici.

The mind creates unnecessary toil for the body,
especially when we are unsettled and chaotic.

La mente crea fatica inutile per il corpo,
specialmente quando siamo inquieti e caotici.

Lu silenziu nni rispunni nta lu specchiu di lu nostru lagu di riposu.

Silence answers us in our mirrored lake of repose.

Il silenzio ci risponde nel nostro riflesso lago di riposo.

∞

Lu seminali pò cuminciari a maturari quannu unu si rilassa.
Quannu semu libiri di l'inquietudini o la difisa,
semu ntunati cu la canuscenza risunanti,
la saggizza platonica ca bisbigghia dî pozzi primordiali.

From a relaxed state of being, the seminal may gestate.
When free of anxiety or defense,
we are in tune with the resonant knowledge,
the platonic wisdoms murmuring from the primordial pools.

Il seminale può mettersi in gestazione in uno stato di rilassamento.
Quando siamo liberi dell'ansia o la difesa,
siamo in contatto con la conoscenza risonante,
la saggezza platonica che sussurra dalle pozze primordiali.

∞

Lu paisaggiu sarvaggiu di l'inconsciu offri viaggi infiniti
senza bisognu di fari la fila.

The wilderness of the unconscious offers infinite travel
without having to wait in lines.

La landa selvaggia dell'inconscio offre viaggi infiniti
senza dover fare la fila.

Li radichi prufunni si allarganu quannu unu *nun agisci.*
Nta ddu vacanti lussureggianti avemu l'opportunità
di moriri nta ddu mumentu—
e rinasciri nta la ventri di lu Nvisibili.

The eternal roots of being are expanded in not doing.
In that lush Emptiness, we have the opportunity
to die to that moment—
and be reborn in the womb of the Invisible.

Le radici profonde dell'essere si espandono nel *non agire.*
In quel vuoto lussureggiante, abbiamo l'opportunità
di morire a quel momento—
e rinascere nel grembo dell'Invisibile.

∞

Essennu cueti, l'intuizioni guida cu carma.
Li dicisioni venunu suli, si pigghianu lu tempu chi vonnu.

In being stillness, intuition calmly guides;
decisions come of their own accord, in their own time.

Nell'essere immobili, l'intuizione guida con calma;
le decisioni vengono da sole, col loro tempo.

∞

La corruzioni si sciogghi quannu semu in cumunioni
cû lagu silinziusu dâ nostra arma.

Corruption dissolves when we are in communion
with the silent lake of our souls.

La corruzione si scioglie quando siamo in comunione
con il lago silenzioso della nostra anima.

Scuta attentamenti pirchì è nta la cueti ntra li paroli
ca la musica sicreta si pò sentiri.

Listen carefully, because it is in the stillness between the words
that the secret music can be heard.

Ascolta attentamente perché è nel silenzio tra le parole
che la musica segreta si può sentire.

∞

[V]

Lu mumentu eternu

THE ETERNAL MOMENT

Il momento eterno

Spuntaniamenti, senza pinzaricci, ricivemu missaggi
unni si trovanu sempri tisori—
ntô mumentu prisenti oltri li nostri simulazioni o pruggetti mintali.

We receive messages spontaneously, without thought,
where treasure is always found—
in the present moment, beyond our simulations or mental plans.

Riceviamo messaggi spontaneamente, senza pensarci,
dove si trovano sempre tesori—
nel momento presente, al di là delle nostre simulazioni o piani mentali.

∞

Nun putemu furzari nenti ca è essenziali;
li nostri cursi sunnu un segnu di la nostra anzia,
na mancanza di pruspittiva cosmica.

We cannot force anything essential;
our rushing is a sign of anxiety,
a lack of cosmic perspective.

Non possiamo forzare nulla di essenziale;
la nostra corsa è un segno della nostra ansia,
una mancanza di prospettiva cosmica.

∞

Pulizziativi la carni dû passatu,
si nun vuliti ca lu passatu vivi iddu la vostra vita.

Rid your flesh of the past,
or the past will live you.

Liberatevi la carne del passato,
altrimenti il passato vivrà la vostra vita.

Vistu ca viviri in manera regulata
pò fari moriri li nostri sensi, lu spiritu di l'avvintura,
pirchì nun ni lassamu traspurtari, quantu chiù possibili,
di la meravigghia di essiri persi nta la scuperta.

Since living on a schedule
can deaden the senses, the spirit adventure,
why not allow ourselves, as much as possible,
the wonder of being lost in discovery.

Visto che vivere in maniera regolata
può attutire i nostri sensi, lo spirito dell'avvventura,
perché non ci permettiamo
la meraviglia di perderci nella scoperta.

∞

Li nostri ricordi ponnu divurari li tenniri simenzi dû mumentu,
mpidennu la generazioni di na nova vita.

Our memories can devour the tender seeds of the moment,
preventing the generation of new life.

Le nostre memorie possono divorare i teneri semi del momento,
impedendo la generazione di una nuova vita.

∞

Quannu vivemu nta lu sublimi statu di lu nun cundiziunatu,
picca o nudda accumulazioni succedi.

When we live from the sublime state of the Unconditioned,
little or no accumulation occurs.

Quando viviamo dal sublime stato del non condizionato,
poca o nessuna accumulazione accade.

Quannu abbannunamu li llusioni troppu maturi dâ staciuni,
putemu ricuminciari in silenziu,
lassannu ca la simenza dâ primavera
resta vergini supra li nostri artari di riverenza.

When we let go of summer's over-ripe illusions,
we can begin again in silence,
letting the seed of spring
lie uncorrupted on our altars of reverence.

Quando abbandoniamo le illusioni troppo
mature dell'estate, possiamo ricominciare di nuovo in silenzio,
lasciando che il seme della primavera
resti incorrotto sui nostri altari di riverenza.

∞

Putissimu essiri sempri principianti,
ca cadunu libbiramenti ntô mumentu eternu!

May we always be beginners,
free-falling into the eternal moment.

Che si possa essere sempre principianti,
in libera caduta nel momento eterno!

∞

Abbannunannu i vecchi modi di cumpurtarini, li gesti dû passatu,
vivemu ammenzu venti di cangiamentu,
abbrazzannu cosi scanusciuti.

By releasing outworn patterns, the gestures of the past,
we live amidst the winds of change,
embracing the unfamiliar.

Abbandonando i vecchi schemi di comportamento, i gesti del passato,
viviamo in mezzo a venti di cambiamento,
abbracciando cose sconosciute.

Quannu tissemu li nostri cucuddi pû futuru,
lassamu lu prisenti asciuttu.

*When we spin our cocoons into the future,
we leave the present dry.*

Quando tessiamo il nostro bozzolo nel futuro,
lasciamo il presente asciutto.

∞

Abbannunati li guai, l'aborti di l'esistenza,
l'ardenti ciamma di l'autu ncriminazioni,
la ndigestioni dî mimorii rivisitati.
A stu puntu, ciuri sarvaggi ponnu sbucciari di li campi dû cori
pulizziatu, ammenzu furesti di culuri smiraldu.

*Let go of suffering, the abortions of existence,
the smoldering blaze of self-incrimination,
the indigestion of memories rehashed.
Then, wildflowers can sprout from meadows of cleansed heart,
amidst the emerald woodlands.*

Abbandonate la sofferenza, gli aborti dell'esistenza,
l'ardente fiamma dell'auto-incriminazione,
l'indigestione rimaneggiata delle memorie.
Allora fiori selvatici potranno sbocciare sui prati del cuore pulito,
in mezzo a foreste verde-smeraldo.

∞

La spiranza pò appisantiri li nostri ali, limitannu la sapienza di lu Tau.

Hope can burden our wings, limiting the sapience of the Tao.

La speranza può pesare sulle nostre ali, limitando la sapienza del Tao.

Cadiri ntô mumentu senza putirisi frinari,
pò pariri comu a unu ca si paracaduta di un apparecchiu;
unu s'arrenni a lu scanusciutu, ô vuliri di Diu.

Free-falling into the moment
can feel as dangerous as parachuting from a plane;
one surrenders to the unknown, to the will of God.

Cadere nel momento senza alcun freno,
può essere così pericoloso come paracadutarsi da un aereo;
ci si arrende allo sconosciuto, alla volontà di Dio.

∞

Putiri capiri a funnu la puisia dû mumentu
è comu divintari na ballarina ca ntrasi nta l'autru munnu.

To experience the poetry of the instant
is to be a ballerina reaching into the Beyond.

Esperire la poesia dell'istante
è come diventare una ballerina che s'inoltra nell'Aldilà.

∞

Quacchi vota quannu nni sintemu supraffatti,
putemu affacciarini a la vita
e lu Tau ni porta unni avemu a iri.

Sometimes when we feel overwhelmed,
we can just show up for life
and the Tao takes us where we need to go.

A volte quando ci sentiamo sopraffatti,
possiamo affacciarci alla vita
e il Tao ci condurrà dove dobbiamo andare.

∞

[VI]

Navigari i cicli dû cangiamentu

SURFING THE CYCLES OF CHANGE

Navigare i cicli del cambiamento

Tuttu cancia, nenti resta immobili.
Puru la morti havi i so infiniti cangiamenti di forma.

All is changing; nothing is still.
Even death has its endless changes of form.

Tutto cambia; nulla rimane immobile.
Anche la morte ha i suoi infiniti cambiamenti di forma.

∞

Nta lu giardinu viu ca niautri imitamu i cicli e li staciuni dâ Natura,
iccannu li fogghi sicchi, li cuncetti arruggiati—
preggiudizii ca ngumbranu li nostri viduti comu fogghi morti.
Putemu essiri cuntenti di stu rinnovamentu,
cuntinuannu a chiantari simenzi ntô nostru miduddu-giardinu,
fiduciusi ntô misteru ca cria li cundizioni di la rigenerazioni.
Cultivannu lu nostru giardinu internu, libiramu la nostra arma.

In the garden I observe that we echo Nature's cycles and seasons,
discarding dry leaves, rusty concepts—
prejudices that, as dead brush, clutter our views.
We can rejoice in this renewal,
continuing to plant seeds in our marrow-soil,
trusting the mystery that spores regeneration.
By cultivating our inner gardens, we liberate our souls.

Nel giardino osservo che noi echeggiamo i cicli e le stagioni della
Natura, buttando via foglie secche, concetti arrugginiti—
pregiudizi che ingombrano le nostre vedute
come sterpaglia morta. Possiamo essere felici di questo rinnovo,
continuando a piantare semi nel nostro midollo-terreno,
fiduciosi nel mistero che facilita la rigenerazione.
Coltivando il nostro giardino interiore, liberiamo la nostra anima.

Lu nostru corpu veni purtatu dî staciuni
attraversu climi eterni di cangiamenti
comu l'arburu cu la frutta caduta,
la farfalla ca si libbira dû so cucuddu.

Just as the tree whose fruit has fallen,
just as the butterfly who discards its cocoon,
so our bodies are carried by the seasons
through eternal climes of change.

Il nostro corpo viene condotto dalle stagioni
attraverso eterni climi di cambiamento
come l'albero dalla frutta caduta,
la farfalla che si libera del proprio bozzolo.

∞

Lu scantu di chiddu ca nun canuscemu blocca la nostra criscita.

When we fear the unfamiliar, growth is stunted.

La paura di ciò che non si conosce, arresta la nostra crescita.

∞

Li nostri vai e suffirenzi sunnu lu cuncimi
di li nostri novi dumani, li nostri novi criazioni.

Our sorrows and woes are the mulch
of our new tomorrows, our new creations.

Le nostre pene e sofferenze sono il pacciame
dei nostri nuovi domani, le nostre nuove creazioni.

Quannu nni sintemu strinciuti nta un spaziu strittu
comu na pianta nta na rasta,
n'am'â chiantari nta nautra rasta chiù granni;
i nostri radichi crisceru troppu rispettu ô tirrenu.

We must transplant ourselves
when dwarfed and cramped
like a potted plant;
our roots have outgrown their soil.

Quando ci sentiamo condizionati in uno spazio angusto
come una pianta in un vaso,
dobbiamo trapiantarci;
le nostre radici sono cresciute troppo rispetto al terreno.

∞

Ntâ facci dû ciuri c'è la simenza,
li staciuni eterni dâ so forma ca cancia.
Nta la facci di na bedda carusa
c'è la facci rugusa dâ vecchia.
E ntâ facci dâ vecchia
c'è la picciridda ca idda fu na vota.

Within the flower's face is its seed,
the eternal seasons of its changing form.
Within the young maiden's face
is the face of the crone.
And within the face of the crone
is the face of the child she once was.

Nel viso del fiore c'è il seme,
le stagioni eterne della sua forma che cambia.
Nel viso della bella fanciulla
c'è il viso della vecchia rugosa.
E nel viso della vecchia
c'è la faccia della bambina che una volta lei fu.

La morti è inerenti a la nascita di ogni principiu.
Nta lu nostru moriri cuntinuu, ntô nostru distaccu,
lu timuri si trasforma, dannu postu a la saggizza.

Death is inherent in the birth of every beginning.
In our continual dying, in our detachment,
fear is transformed, yielding to wisdom.

La morte è inerente alla nascita di ogni principio.
Nel nostro morire continuamenti, nel nostro distacco,
la paura si trasforma, cedendo il posto alla saggezza.

∞

Quannu vivemu nta lu munnu nun cundiziunatu,
nta lu ritmu naturali di lu Tau,
la vita diventa un navigari di realtà,
di l'unni e dî cicli infiniti dî staciuni
ca ribbummanu dintra.

When we live in the Unconditioned,
in the effortless rhythms of the Tao,
life becomes a surfing of realities,
of the waves and cycles
of the infinite seasons resounding within.

Quando viviamo nel non condizionato,
nel naturale ritmo del Tao,
la vita diventa un navigare di realtà,
delle onde e dei cicli delle stagioni infinite
che riverberano dentro.

Li porti cuncettuali dâ vita e dâ morti esistunu
sulu nta lu nostru ciriveddu.
Vivemu nta un statu di perpetua ri-nvenzioni.
La nostra mmortalità sta nta la nostra capacità di rifurmarinni;
la metamorfosi è lu elisiri dâ vita.

The conceptual doors of life and death exist
only in our minds.
We live in a perpetual state of re-invention.
Our immortality lies in our capacity to re-form;
metamorphosis is the elixir of life.

Le porte concettuali della vita e della morte esistono
solo nella nostra mente.
Viviamo in uno stato di perpetua re-invenzione.
La nostra immortalità sta nella nostra capacità di ri-formarci;
la metamorfosi è l'elisir della vita.

∞

Lu cosmu cula la so bona sorti
e doppu ci leva lu stuppagghiu.
Li bilanzi sunnu sempri pronti a ristabiliri l'equilibriu.

The cosmos pours its good fortune
and then takes out the plug.
The scales are always re-balancing themselves.

Il cosmo versa la sua buona sorte
e poi asporta il tappo.
Le bilance sono sempre in continuo ri-equilibrio.

Quannu videmu li giardini nta li so staciuni eterni,
uffremuni niautri nta lu stissu modu, cidennu a tanta grazia.

When we see the gardens in their endless seasons,
may we so offer ourselves, yielding to such grace.

Quando vediamo i nostri giardini nelle loro stagioni eterne,
offriamoci allo stesso modo, cedendo a tanta grazia.

∞

[VII]

Echi dû testu originariu

ECHOES FROM THE PRIMAL TEXT

Echi dal testo originario

Quannu nni apremu a l'olografu dâ vita,
ntrasemu nta la risunanti canuscenza
ca ribbumma dî testi originarii.

When we open ourselves to the Holograph of life,
we have access to the resonant knowledge
echoing from the primal texts.

Quando ci apriamo all'olografo della vita,
accediamo alla risonante conoscenza
che echeggia dai testi originari.

∞

U macrocosmu è cuntinutu nta lu microcosmu,
lu battitu di l'infinità nta ogni guccia d'acqua.

The macrocosm is contained in the microcosm,
the pulse of infinity in every raindrop.

Il marocosmo è contenuto ne microcosmo,
il pulsare dell'infinità in ogni goccia di pioggia.

∞

Si pigghiamu la vita sulu littiralmenti e nun mitaforicamenti,
putemu perdiri lu Spiritu di l'esperienza e i significati chiù prufunni.

If we take life merely literally and not also metaphorically,
we can lose the Spirit of experience and miss the deeper meanings.

Se prendiamo la vita solo letteralmente e non metaforicamente,
possiamo perdere lo Spirito dell'esperienza e i significati più profondi.

∞

Forsi Diu è semplicimenti a nostra ricerca di Diu.

Perhaps God is simply our search for God.

Forse Dio è semplicemente la nostra ricerca di Dio.

Lu granu di rina echeggia a spiaggia.
Na guccia d'acqua nun è menu significativa pi essiri microcsomu,
e mancu u mari pò essiri chiù granni pi essiri u macrocsomu.
Né l'una, né l'autru esistunu suli, senza di l'autru.

The granule of sand echoes the beach.
A drop of water is no less significant because it is the microcosm,
nor is the sea greater because it is the macrocosm.
Neither exists without the other.

Il grano di sabbia echeggia la spiaggia.
Una goccia d'acqua non è meno significativa per essere il microcosmo,
né il mare più grande per essere il macrocosmo.
Né l'una, né l'altro esistono senza l'altro.

∞

Quannu la magia dâ sincronicità si manifesta,
ricivemu na visioni passaggera dû Gran Disegnu
ca in autri mumenti pò ristari ammucciatu.

When the magic of synchronicity manifests,
we receive a glimpse of the Grand Design,
which at other times may lie hidden.

Quano la magia della sincronicità si manifesta,
intravediamo tracce del Gran Disegno,
che in altri momenti può rimanere nascosto.

∞

Lu significatu vivi oltri la nostra cumprensioni,
oltri di li apparenzi eterni, nta li puntiddaturi di l'esistenza.

The meaning lives beyond the grasp,
beyond external appearance, in the underpinnings of existence.

Il significato vive aldilà della nostra comprensione,
aldilà delle apparenze esterne, nelle puntellature dell'esistenza.

Lu significatu s'havi a scupriri
nta li culuri sfucati e nta la struttura dû lignguaggiu dâ Natura,
nta la sincronicità, nta li eventi casuali ca cancianu a nostra vita.

Meaning is to be discovered
in the subtle hues and textures of Nature's language,
in synchronicity, in the random events that change our lives.

Il significato è da scoprirsi
nei tenui colori e nella struttura del linguaggio della Natura,
nella sincronicità, negli eventi casuali che cambiano la nostra vita.

∞

M'auguru ca putemu scutari dd'autra Alterità ca nun è di nuddu omu.

May we listen to that Otherness which is of no man.

Che si possa ascoltare quell'altra Alterità che non è di nessun uomo.

∞

La vita abbunna di mitafori mistichi e simbuli
ca riflettunu la chiù Granni sistenza.
Quannu pircipemu eventi comu mitafuri
nni apremu a na dimensioni agghiunciuta dû cosmu—
una ca po' illuminari i prucessi chiù prufunni dâ nostra psichi.

Life is abundant with mystical metaphors and symbols,
which mirror the Greater Existence.
When we perceive events as metaphors,
we open ourselves to an added dimension of the cosmos—
one that can illuminate our psyche's deeper process.

La vita abbonda di metafore mistiche e simboli
che riflettono la più Grande Esistenza.
Quando percepiamo eventi come metafore,
ci apriamo ad una dimensione aggiunta del cosmo—
una che può illuminare i processi più profondi della nostra psiche.

"Diu" è la nostra spiegazioni di l'ineffabili.

'God' is our explanation for the ineffable.

"Dio" è la nostra spiegazione dell'ineffabile.

∞

[VIII]

Esperienza somatica

SOMATIC EXPERIENCE

Esperienza somatica

Dintra di l'esperienza somatica ci sta la canuscenza moleculari;
lu nostru essiri completu è implicatu.
Tuttu lu nostru corpu pircipisci, nun sulu l'occhi.
Sta sintisi nni pirmetti di capiri attraversu tutti li nostri sensi
nveci di sulu na parti di la palestra dû ciriveddu.

Within somatic experience lies molecular knowledge;
our whole being is engaged.
All of us beholds, not just the eye.
This synthesis allows an understanding through all our senses
rather than through only one facet of the cerebral gymnasium.

All'interno dell'esperienza somatica sta la conoscenza molecolare;
il nostro essere intero è coinvolto.
Tutto di noi percepisce, non solo l'occhio.
Questa sintesi ci permette di comprendere attraverso tutti i nostri sensi
invece di una parte sola della palestra cerebrale.

∞

Li risposti pi la nostra supravvivenza e prospirità
risedunu nta l'aspetti multidimenziunali dâ nostra cuscenza,
ntâ sintisi dâ scienza
e l'idiali dû spiritu.

The answers to our survival and prosperity
lie in the multidimensional aspects of our awareness,
in the synthesis of science
and the ideals of spirit.

Le risposte per la nostra sopravvivenza e prosperità
risiedono negli aspetti multidimensionali della nostra coscienza,
nella sintesi della scienza
e gli ideali dello spirito.

Chiddu ca è sulu cuncettuali spacca chiddu ca è Sanu,
siparannu l'emozioni di la menti e chistu risulta in squilibbriu,
un labirintu ca isula.

The merely conceptual divides the Whole,
severing feeling from mind, producing imbalance,
an isolating maze.

Ciò che è soltanto concettuale scinde l'intero,
separando l'emozione dalla mente, che risulta in squilibrio,
un labirinto che isola.

∞

Ntâ nostra sucietà ncadduta,
la senzibilità nun è apprizzata pi la so ntelligenza;
e puru nun esisti lu geniu senza la senzibilità.

In our calloused society,
sensitivity is not valued for its intelligence;
yet genius does not exist without sensitivity.

Nella nostra società incallita,
la sensibilità non è apprezzata per la sua intelligenza;
eppure il genio non esiste senza la sensibilità.

∞

Pirchì campari dintra l'ammuarri cerebrali di li nostri ciriveddi,
cu li nostri percezzioni intuitivi spissu scafazzati
nta li cosi di stu munnu comu anciovi ntà li scatuli.

Why live within the cerebral closets of our minds,
our intuitive sensings so often crushed
into the sardine cans of the mundane.

Perché vivere dentro gli armadi cerebrali delle nostre menti
con le nostre percezioni intuitive spesso schiacciate
nel mondano come acciughe nei barattoli.

La nostra psicosi nesci fora di la frattura ntra menti-corpu-spiritu.

Our human psychosis is bred from the mind-body-spirit rupture.

La nostra psicosi emerge dalla frattura tra mente-corpo-spirito.

∞

Niautri espunemu li nostri sensi dilicati a l'nquinamentu in ogni forma;
la nostra estetica si basa supra la so acuità.
Comu elisiri di estasi,
iddi hannu bisognu di prutezioni e nutrimentu pi crisciri.

Why expose our delicate senses to pollution, in any form;
our aesthetics rely on their acuity.
As elixirs of ecstasy,
they require protection and nourishment to flourish.

Esponiamo i nostri sensi delicati all'inquinamento in ogni forma;
la nostra estetica si basa sulla loro acuità.
Da elisiri d'estasi,
essi richiedono protezione e nutrimento per crescere.

∞

Nta ogni rifiutu dû sentimentu
c'è un sipurcru di torpida senzibilità ca costruemu niautri stissi.

In every denial of feeling
is a self-woven grave of numbed sensibilities.

In ogni rifiuto del sentimento
c'è una tomba di sensibilità intorpidita da noi tessuta.

Vivennu nta l'incondiziunatu
li nostri sensi sono vibranti, ricettivi, disiddirusi di sapiri—
sacri strumenti pi aviri esperienza
di un dialogu sempri chiù espansivu cu lu cosmicu.

In living the Unconditioned,
our senses are vibrant, receptive, inquiring—
sacred vessels for experiencing
an ever-expanding, intimate dialogue with the Cosmic.

Nel vivere l'Incondizionato,
i nostri sensi sono vibranti, ricettivi, avidi di sapere—
sacri strumenti per esperire
un dialogo intimo e sempre più espansivo col Cosmico.

∞

Di l'estetica di senzibilità nesci fora
na nteligenza particulari.
È la nteligenza di l'onestà, la gintilizza dâ cumprenzioni
e na cumpassionevuli cunnessioni cu la Terra
chi aprunu la nostra ricettività a tuttu chiddu ca esisti.

From the aesthetics of acute sensibility,
a particular intelligence emerges.
It is the intelligence of honesty, the gentleness of understanding,
and a compassionate connection to the Earth
that open our receptivity to all that Is.

Dall'estetica di sensibilità acuta emerge
un'intelligenza particolare.
È l'intelligenza dell'onestà, la gentilezza della comprensione
e una compassionevole connessione con la terra
che aprono la nostra ricettività a tutto ciò che esiste.

∞

66

[IX]

Onurari lu medicu di dintra

HONORING THE INNER PHYSICIAN

Onorare il medico interiore

Lu corpu è un baromitru chiù onestu di la virità di la menti.

The body is a more honest barometer of truth than the mind.

Il corpo è un barometro più onesto della verità della mente.

∞

Comu a essiri immurtali niautri semu giardini eterni
ca nasciunu di novu nta migghiara di formi.
Cunziddirati la prugressioni dû bocciolu di na rosa
finu a quannu sboccia e spampina tutta;
lu so tramuntu fa nasciri li simenzi pi dumani.
La nostra filosofia poò riflettiri i cicli di lu ciuri.
Arrinnemuni ô misteru di la Natura, nveci di succummiri davanti ô
scantu ca alimenta l'approcciu rapaci versu lu nvicchiamentu e la morti.

As immortal beings, we are eternal gardens,
reborn in myriad forms.
Consider the progression of the rose's bud
to its full-petaled blossom;
its fading fruits the seed of tomorrow.
Our philosophy can mirror the flower's cycles.
Let us yield to Nature's mystery, rather than succumb to the fear
that fuels the predatory approach toward aging and death.

Come esseri immortali siamo giardini eterni
che rinascono in miriadi di forme.
Considerate la progressione del bocciolo di una rosa
fino a quando sboccia in fiore dai petali maturi;
il suo tramonto fa nascere il seme del domani.
La nostra filosofia può riflettere i cicli del fiore.
Abbandoniamoci al mistero della Natura,
invece di soccombere alla paura che alimenta
l'approccio predatorio verso l'invecchiamento e la morte.

La vita è un cuntinuu prucessu di rigenirazioni e intigrazioni
unni la nostra cuscenza rapprisenta la midicina preventiva chiù
essenziali. Speriamo di putiri trattari i prublemi di saluti
cu dda fiducia basilari dû nostru medicu di dintra.

Life is a continual process of regeneration and integration,
our awareness being our most essential preventative medicine.
May we treat health issues
with underlying faith in our inner physician.

La vita è un continuo processo di rigenerazione e integrazione,
nel quale la nostra coscienza rappresenta la medicina preventiva più
essenziale. Che si possano trattare i problemi di salute
con basilare fiducia nel nostro medico interiore.

∞

La nostra natura essenziali ncanala la nostra evoluzioni
e la nostra morti a lu stissu tempu.
Semu cui semu a causa di chiddu ca semu,
spiritualmenti, mentalmenti e biologicamenti.
Si ricanuscemu la nostra multi-dimenziunalità
putemu capiri e nutriri megghiu la nostra saluti.

Our essential nature channels our evolution
as well as our demise.
We are who we are because of what we are—
spiritually, emotionally, mentally and biologically.
If we can recognize our multidimensionality,
we can better understand and nurture our health.

La nostra natura essenziale incanala sia la nostra evoluzione
sia la nostra morte.
Siamo chi siamo a causa di quello che siamo—
Spiritualmente, mentalmente e biologicamente.
Se riconosceremo la nostra multidimensionalità,
saremo in grado di capire e nutrire meglio la nostra salute.

Putemu fertilizzari li radichi di la nostra menti-furesta
cu pinzeri e percezzioni salutari, immaginativi nveci di pirmettiri
ca l'inquinamentu pozza corrodiri la nostra cuscenza.
La flessibilità, determinazioni e risistenza sunnu essenziali
pirchì a nostra menti-furesta pozza susteniri lu scontru cu la vita.
Spiriamu ca li trunchi di li nostri arburi ca scinnunu li radichi ntô chiù
funnutu e fertili tirrenu pozzanu aviri un spaziu nfinitu pi crisciri
e ca li nostri gemmi pozzanu aviri la luci di la cunsapevulizza
in modu di ciuriri e fari fruttu.

We can fertilize the roots of our brain-forests
with healthy, imaginative thoughts and perceptions
rather than allowing pollution to corrode our consciousness.
Flexibility, resilience and endurance are essential
if our brain-trees are to withstand the shocks of life.
Rooted in our deepest and most fecund soil,
may we offer our trees' branches infinite space to grow,
and our buds the light of awareness
so they may flower and bear fruit.

Possiamo fertilizzare le radici della nostra mente-foresta
con pensieri e percezioni salutari, immaginativi invece di permettere
che l'inquinamento possa corrodere la nostra coscienza.
La flessibilità, determinazione e resistenza sono essenziali
perché la nostra mente-foresta possa sostenere lo scontro con la vita.
Che i tronchi dei nostri alberi, radicati nel più profondo e fecondo
terreno, possano avere uno spazio infinito per crescere e che le nostre
gemme possano avere la luce della consapevolezza in modo
che possano germogliare e fare frutto.

∞

La guarizzioni diriva di li nostri forzi, nun di li nostri dibbulizzi.

We heal from our strengths, not our weaknesses.

La guarigione deriva dalla nostre forze, non dalle nostre debolezze.

Rinnuvazioni e curi ca nun n'aspittamu
venunu chiamati sunannu li cordi di li nostri cori.

Renewal and unexpected healing
are evoked by the playing of our hearts' strings.

Rinnovazione e cure inaspettate vengono
evocate suonando le corde dei nostri cuori.

∞

La nostra cuscenza offri flessibilità ô nostru sistema immunitariu.

Our consciousness offers flexibility to our immune system.

La nostra coscienza offre flessibilità al nostro sistema immunitario.

∞

[X]

Rispunniri a niautri stissi

ANSWERING TO OURSELVES

Rispondere a noi stessi

Pirchì viviri nta la casa di l'autri?
Putemu criari la nostra architittura spirituali
dû miduddu stissu di l'esistenza.
Sulu niautri putemu costruiri lu nostru tempiu internu,
curannu i giardini dâ nostra ecologia interna.

Why live in someone else's home?
We can craft our own spiritual architecture
from the very marrow of existence.
Only we can build our inner temple,
tend the gardens of our inner ecology.

Perché vivere nella casa di altri?
Possiamo creare la nostra architettura spirituale
dal midollo stesso dell'esistenza.
Solo noi possiamo costruire il nostro tempio interiore,
curare i giardini della nostra ecologia interiore.

∞

Semu unu di li cicli di pianeti, stiddi e luni ca nun si ponnu cuntari.
Facemucci un omaggiu a l'ordini galatticu, dintra di nui.

We are one with the myriad cycles of planets, stars and moons.
Let our homage be to the galactic order, within.

Siamo uno dei cicli innumerevoli di pianeti, di stelle e di lune.
Si renda omaggio all'ordine galattico, internamente.

∞

Chiù cridemu in niautri, menu bisognu avemu di vidiri pi cridiri.

The more we believe in ourselves, the less we need to see to believe.

Più crediamo in noi, meno bisogno avremo di vedere per credere.

Paragunari li nostri capacità cu chiddi di l'autri
o circari di supirari a l'autri pi lu nostru sensu di mpurtanza
è contraproducenti, puru ca paremu vincituri.
C'è sempri nautru rivali nta stu jocu senza possibili vittorii,
puru si u rivali è dintra di nui.

Comparing our capacities with others'
or trying to outdo others for our own sense of importance
is self-defeating, although we may appear to win.
Another rival always exists in this no-win game,
even if that rival is only within ourselves.

Paragonare le nostre capacità con quelle degli altri
o cercare di oltrepassare gli altri per il nostro senso di importanza
è controproducente, anche se appariamo vincitori.
C'è sempre un altro rivale in questo gioco senza possibili vittorie,
anche se il rivale è solo dentro di noi.

∞

Quannu accittamu di nun putiri accusari a l'autri
pi li nostri limitazioni,
tannu cuminciamu a pigghiarini la responzabilità pâ nostra vita.

When we acknowledge that we cannot blame others
for our own limitations,
we begin to assume responsibility for our lives.

Quando accettiamo di non poter accusare gli altri
per le nostre limitazioni,
cominciamo ad assumerci la responsabilità per la nostra vita.

Ci sunnu tanti veli opachi ca nni ostaculanu,
siduzioni ca offrunu vii versu la prisunzioni, ca nni tentanu di
spenniri la nostra energia versu l'esternu nveci di spinnirila versu
l'internu.

There are so many opaque veils to deter us,
seductions offering paths of self-importance,
tempting us to put our energy outward before it goes inward.

Ci sono tanti veli opachi che ci ostacolano,
seduzioni che offrono vie verso la presunzione, che ci tentano di
effondere la nostra energia verso l'esterno invece che verso l'interno.

∞

Spissu ricivemu vistiti ca mittennuli nni stutanu la luci cu la quali
nascemmu. A ddu puntu, semu custritti a viviri ô scuru finu a quannu
nun semu in gradu di ntravidiri tramiti li strati dû condiziunamentu
ca eclissanu la nostra china luminusità.
Ma putemu mai viviri di novu secunnu lu nostru pianu originariu?

So often we are given outfits to wear that dull our innate light.
Then we are forced to dwell in the shadows
until we can see through the layers of conditioning
that eclipse our full radiance.
But can we ever live from our original blueprints again?

Spesso riceviamo vestiti da portare che smorzano la nostra innata luce.
A quel punto siamo costretti a vivere nell'oscurità fino a quando
non siamo in grado di intravedere attraverso gli strati del
condizionamento che eclissano la nostra piena radiosità.
Ma potremo mai vivere di nuovo secondo il nostro piano originario?

Senza li nostri ideali, nun avemu nuddu puntu di riferimentu pirsunali.
Taliamu comu orbi senza putiri vidiri.

Without our ideals, we have no self-reference.
We stare blindly rather than behold.

Senza i nostri ideali, non abbiamo nessun punto di riferimento perso-
nale. Fissiamo ciecamente invece di vedere.

∞

Semu un munnu di cristiani ca cerca l'appruvazioni di l'autri,
ma picca sunnu chiddi ca sunnu responzabili davanti a iddi stissi.
Chi è ca nni porta a circari la definizioni tramiti l'autorità di l'autri?
La mancanza di canuscenza e accittazioni di cu semu niautri?

We are a world of people all seeking each other's approval,
yet few answer to themselves.
Is it our lack of self-knowledge and acceptance
that causes us to seek definition through the authority of others?

Siamo un mondo di gente che cerca l'approvazione degli altri,
eppure pochi sono quelli che sono responsabili davanti a se stessi.
Cos'è che ci induce a cercare la definizione attraverso l'autorità di altri?
La mancanza di conoscenza e accettazione di noi stessi?

∞

Quannu cissamu di pruittari i nostri essiri d'ummira
e li nostri bisogni nconsci supra a li capi,
tannu divintamu individui responzabili
e putemu fari canciamenti significativi dintra a niautri e ntô munnu.

When we cease projecting our shadow selves
and subconscious needs and desires onto 'leaders,'
we will become responsible individuals
and can make significant changes in ourselves and the world.

Quando smetteremo di proiettare i nostri esseri d'ombra
e i nostri bisogni inconsci sui leaders,
diventeremo individui responsabili
e potremo fare cambiamenti significativi in noi e nel mondo.

76

Di picciriddi ni hannu nzignatu a ammirari cecamenti l'immagini e li
simbuli nveci di taliari prima cu li nostri occhi.

*Early on we are taught to eyelessly look up to images and symbols
instead of looking first into our own eyes.*

Da piccoli ci hanno insegnato ad ammirare ciecamente le immagini e i
simboli invece di guardare prima dentro i nostri occhi.

∞

Putemu cultivari la nostra mitologia pirsunali
ca nasci di na cunnessioni
cu la vita organica e cumpassiunevuli.
A ddu puntu, comu li ragni, putemu tessiri
novi cumprenzioni e nterpitrazioni
dû Granni Arazzu suspisu,
bilanzannuni chiù commodamenti supra l'ignotu.

*We can cultivate our own personal mythology,
emanating from an organic and compassionate
connection to all life.
Then, like spiders, we can spin
new comprehensions and interpretations
into the grand suspended Tapestry,
balancing more comfortably in the Unknown.*

Possiamo coltivare la nostra mitologia personale
che emana da una connessione
alla vita organica e compassionevole.
Allora, come ragni, potremo tessere
nuove comprensioni e interpretazioni
nella grande Tappezzeria sospesa,
bilanciandoci più comodamente sull'Ignoto.

∞

[XI]

Essiri pronti a 'nun sapiri'

BEING WILLING TO 'NOT KNOW'

Essere pronti a 'non sapere'

Chiù semu pronti a nun sapiri,
chiù putemu viviri cu miravigghia silinziusa.

The more willing we are to 'not know,'
the more we can live in silent wonder.

Più siamo pronti a non sapere,
più possiamo vivere con silenziosa meraviglia.

∞

Forsi circannu di spiegari lu significatu dâ vita,
spirdemu lu so battitu.

Perhaps in grasping to explain life's meaning,
we dissipate its pulse.

Forse cercando di spiegare il significato della vita,
dissipiamo il suo pulsare.

∞

La menti pò essiri lu nostru torturaturi chiù crudeli.
Essiri mbrugghiati dintra na riti eccessiva di pinzeri
nni pò ndibbuliri e tagghiari l'ali.

The mind can be our ultimate torturer.
Entanglement in the net of excessive thought
can clip and cramp our wings.

La mente può essere il nostro torturatore più crudele.
Essere avviluppati in una rete eccessiva di pensieri
può debilitarci e tagliarci le ali.

La nostra menti nun pò canusciri lu nostru distinu chiù granni.
Putemu sulu cediri e cu la cunsapevulizza, viviri chiddu ca *esisti*.

Our minds cannot know the greater destiny.
We can only yield, and with awareness, live what Is.

La nostra mente non può conoscere il nostro destino più grande.
Possiamo solo cedere e con la consapevolezza, vivere ciò che *esiste*.

∞

Semu capaci di ristari determinati, ricettivi e nobili,
bagnati nta la cueti di l'interferenza di nuddu ciriveddu?

Are we capable of standing steadfast, receptive and noble,
bathed in the quietude of no mind's interference?

Siamo capaci di restare determinati, ricettivi e nobili,
bagnati nella quiete dell'interferenza di nessuna mente?

∞

Pirchì sfurzarini cu li cuncetti
quannu l'essenziali accadi tramiti un pianu chiù misuratu?

Why toil with concepts
when the essential occurs from a more discrete design?

Perché sforzarsi con i concetti
quando l'essenziale accade attraverso un piano più misurato?

∞

Quantu luntanu nni ponnu purtari li idei- luntanu di la espirienza *diretta*.

How far away ideas can take us—away from direct *experience*.

Quanto lontano può portarci ogni idea—lontano dall'esperienza *diretta*.

Lassati ca li venti ncrispanu la supirfici di li nostri piscini,
pirmittennu a l'immagini di rifurmarisi
senza interferenza di l'industria di essiri umani;
quannu stamu dintra lu ciriveddu,
lu nostru veru travagghiu-jocu pò veniri a galla.

Let the winds ripple the surface of our pools,
allowing the images to re-form
without interference by the industry of being human;
when we are less in the mind,
our true work-play can emerge.

Lasciate che i venti increspino la superficie delle nostre piscine,
permettendo alle immagini di riformarsi
senza interferenza dall'industria di essere umani;
quando siamo meno nella mente,
il nostro vero lavoro-gioco può emergere.

∞

Speriamu ca lu sguardu di la luna duna risposti
a li nostri dumanni e ca lu suli pirvadi.
E ca la sinfunia di l'esistenza ntrasi nta li nostri aricchi
e ca li nostri menti vannu versu li dei.

May the moon's gaze answer our questions,
and the sun pervade.
May the symphony of existence enter our ears,
and our busy minds go to the gods.

Possa lo sguardo della luna rispondere
alle nostre domande e il sole pervadere.
Possa la sinfonia dell'esistenza entrare nelle nostre orecchie
e la nostra mente possa salire agli dei.

Semu capaci di stari a diunu cu riverenza,
abbannunannu li jochi di ginnastica di la menti,
ca nutricanu la gloria dû Nenti, bagnannuni nta li so muddizzi?
Chi autru putissimu fari eccettu miravigghiarini
di chiddu ca nesci fora di stu puzzu di benissiri.

Are we capable of fasting in reverence—
letting go of the mind's gymnastics,
feeding on the glory of Emptiness, reveling in its languor?
What then—but wonder
at that which emanates from this fecund well of being.

Siamo capaci di digiunare in riverenza—
abbandonando la ginnastica della mente,
nutrendoci della gloria del Vuoto, bagnandoci nel suo languore?
Che altro fare—tranne meravigliarsi
di ciò che emana da questo fecondo pozzo dell'essere.

∞

Circamu di viviri la nostra vita in modu di pirmettiri a li forzi cosmichi
di scurriri dintra di niautri senza preggiudizzii
e sempri pronti a nun sapiri.
A ddu puntu lu sacru pò nesciri di lu nostru giruvagari,
spirimintannu e scuprennu cosi inesplorati.

Let us live our lives in a way that lets the cosmic forces
flow through us without preconceived notions,
and be continually willing to 'not know.'
Then the sacred can emanate from our wandering,
experimenting and exploring of the uncharted.

Viviamo la nostra vita in modo che permetta alle forze cosmiche
di fluire dentro di noi senza preconcetti
e sempre pronti a non sapere.
A quel punto il sacro può emanare dal nostro girovagare,
sperimentando ed esplorando l'inesplorato.

∞

[XII]

Criari di lu nun-cundiziunatu

CREATING FROM THE UNCONDITIONED

Creare dal non-condizionato

Spiramu ca si pò metabolizzari chiddu ca è pueticu ntâ nostra realtà.

May we metabolize the poetic as our reality.

Che si possa metabolizzare ciò che è poetico nella nostra realtà.

∞

Nta la purizza di lu nun-cundiziunatu, la simenza pò girmugghiari.

In the purity of the Unconditioned, the seed may thrive.

Nella purezza del non-condizionato, il seme può germogliare.

∞

L'arti è lu linguaggiu ntirnaziunali ca va oltri ogni cunfini—
idda nun havi bisognu di passaporti.

Art is the international language, transcending all boundaries—
no passport is required.

L'arte è il linguaggio internazionale che trascende ogni confine—
non ha bisogno di passaporti.

∞

Lu pueta ricorda chiddu ca è dî sensi, lu storicu li fatti.
Lu tipu di mimoria ca avemu, pi diri la virità, determina cu semu.

A poet remembers the sensorial, a historian 'the facts.'
The kind of memory we have, in effect, makes us who we are.

Il poeta ricorda il sensoriale, lo storico i fatti.
Il tipo di memoria che abbiamo, in realtà, determina chi siamo.

Pi criari l'arti di lu nun-cundiziunatu,
am'â viviri lu nun-cundiziunatu comu forma di vita.
Quannu pirdemu la via,
lu TAU ppò farinni la guida.

To create art that is from the Unconditioned,
we must live the Unconditioned as a way of life.
When we get out of the way,
the Tao can guide us.

Per creare l'arte dal non-condizionato,
dobbiamo vivere il non-condizionato come forma di vita.
Quando perdiamo la via,
il Tao può farci da guida.

∞

Si li paroli nun sunnu nutriti di la passioni di l'arma,
ponnu pariri superflui e limitati
comu la cinniri ca cerca di parrari di un granni ncendiu.

Unless fueled by the soul's passion,
words can feel superfluous and limited,
like ashes attempting to speak of a great fire.

Se le parole non sono nutrite dalla passione dell'anima,
possono apparire superflue e limitate,
come ceneri che cerchino di parlare di un grande incendio.

∞

L'arti è lu linguaggiu silinziusu dâ natura, musica pi l'arma,
ca parturisci novi linguaggi d'immagini e regni di possibilità.

Art is the silent language of Nature, music for the soul,
birthing new languages of image, and realms of possibilities.

L'arte è il linguaggio silenzioso della natura, musica per l'anima,
che partorisce nuovi linguaggi di immagini e regni di possibilità.

Una di li putenzi magichi di l'Arti
è la so capacità di sciogghiri la solitudini,
trasfurmannu i nostri sintimenti di futilità e dispirazioni.
Chidda ca avissi pututu essiri n'espirienza difficili
veni canciata in canzuna,
uffrennu a autri na cunsulazioni rigenerativa,
comu lu gelu nvirnali ca ncuraggia li ciuri a nasciri.

One of the magical powers of art
is its capacity to melt isolation
by transmuting our emotions of futility and despair.
Just as the frost of winter incites the flower's bloom,
what could have been just a difficult experience
is transposed into song,
offering a regenerative balm to others.

Una delle potenze magiche dell'arte
è la sua capacità di sciogliere la solitudine
trasformando i nostri sentimenti di futilità e di disperazione.
Ciò che sarebbe potuta essere un'esperienza difficile
viene tramutata in canto,
offrendo ad altri un conforto rigenerativo,
come il gelo invernale
che incoraggia il germoglio dei fiori.

∞

L'arti senza misteru è sulu misteri ca pò essiri preggiabili,
ma ci manca l'energia ripruduttiva
di l'arma: l'ineffabili.

Art without the Mystery is only craft,
which can be impressive but lacks the seminal energy
of the soul, the ineffable.

L'arte senza il mistero è solo mestiere,
che può essere pregevole, ma gli manca la seminale energia
dell'anima: l'ineffabile.

L'artisti visionarii sunnu li missaggeri ntra li munni,
li purtaturi dû sublimi e di li so ummiri.
Iddi ricogghiunu chiddu ca nun è attaccatu a lu tempu
supra la tila, la pagina e supra lu cori di chiddu ca si chiama tempu.

Visionary artists are the messengers between worlds,
avatars of the sublime and its shadows;
they record the timeless
onto a canvas, page, heart of so-called time.

Gli artisti visionari sono i messaggeri tra i mondi,
portatori del sublime e delle sue ombre;
raccolgono ciò che non è temporale
sulla tela, pagina e sul cuore del cosiddetto tempo.

∞

Chiddu ca ha statu criatu cu amuri pò nun fari nasciri la gioia?

What created in joy will not beget joy?

Ciò che è stato creato con amore può non far nascere la gioia?

∞

Nni aspettanu isuli d'immaginazioni a la deriva unni
nun c'è bisognu di bagagli o di prinutazioni.
Pi tramutari la densità di la materia a spiritu
ci voli la passioni d'un cori nnuccenti.

Drifting isles of imagination await us,
requiring neither baggage nor reservations.
To transmute the density of matter into Spirit
requires the passion of the innocent heart.

Ci aspettano isole d'immaginazione alla deriva
che non richiedono bagagli o prenotazioni.
Per tramutare la densità della materia in spirito
ci vuole la passione del cuore innocente.

L'Eternu crisci cu vigori unta la ciamma appassiunata
dû visiunariu, di chiddu ca mina oltri i limiti
di cuncetti stantii e di sistemi di cunvinzioni sbagghiati.

*The Timeless thrives in the passionate flame
of the visionary, the one who strides beyond the limits
of stale concepts and erroneous belief systems.*

L'Eterno cresce vigorosamente nella fiamma appassionata
del visionario, di colui che cammina oltre i limiti
di concetti desueti e errati sistemi di convinzione.

∞

L'arti è amuri in criazioni
e l'amuri è n'arti criata.

*Art is love in creation,
and love is an art created.*

L'arte è amore in creazione
e l'amore è un'arte creata.

∞

L'arti ginuina nesci di l'estasi di l'ispirazioni,
di l'abrasioni di la suffirenza e di l'abissu ca sta ntô menzu.

*Genuine art emanates from the ecstasy of inspiration,
the abrasion of suffering, and the abyss in between.*

L'arte genuina emana dall'estasi dell'ispirazione,
l'abrasione della sofferenza e l'abisso che sta nel mezzo.

∞

[XIII]

A la manera di l'amanti

THE WAY OF THE LOVER

Alla maniera dell'amante

L'amuri, lu ndivisibili Cupidu, nni junci ntâ nostra differenza,
ispirannu unioni comu la nostra ntinzioni primaria.

Love, the indivisible Cupid, connects us in our diversity,
inspiring union as our primary intention.

L'amore, l'indivisibile Cupido, ci connette nella nostra diversità,
ispirando unioni come la nostra intenzione primaria.

∞

Pi essiri un amanti ginuinu bisogna pussediri na natura custanti e divota,
curaggiusa abbastanza di cunfruntari li cundizioni interni ca cancianu
cuntinuamenti. Sulu supirannu li nostri emozioni di supravvivenza
putemu aviri espirienza di un amuri sacru,
libiru di ntinzioni di sfruttamentu.

To be genuinely loving requires an enduring and devoted nature,
courageous enough to confront the ever-changing climates within.
Only by transcending our survival emotions
may we experience a sacred love,
free of exploitive intent.

Per essere un amante genuino bisogna possedere una natura costante e
devota, coraggiosa abbastanza da confrontare le condizioni interiori
che cambiano continuamente.
Solo trascendendo le nostre emozioni di sopravvivenza possiamo
avere l'esperienza di un amore sacro,
libero da intenzioni di sfruttamento.

∞

L'intimità è un prirequisitu pi l'estasi.

Intimacy is a prerequisite to ecstasy.

L'intimità è un prerequisito all'estasi.

92

Pirchì nun criamu rilazioni comu criamu l'arti,
nvintannuni di cuntinuu ntô prucessu,
usannu la nostra mmaginazioni
pi esprimiri ili nostri idiali nveci di li stiriotipi dâ sucietà.

Why not create relationships in the way we create art,
continually reinventing ourselves in the process,
using our imaginations rather than society's stereotypes
to express our ideals.

Perché non creiamo relazioni come creiamo l'arte,
inventandoci di continuo nel processo,
usando la nostra immaginazione
per esprimere i nostri ideali piuttosto che gli stereotipi della società.

∞

L'amuri è lu manciari essenziali,
la facci di l'ineffabili, l'unica sustanza cosmica.
Circari di renniri l'amuri visibili mpacchittannulu,
diluemu la so putenza ca si trova nta la so finizza e omniprisenza.

Love is our essential food,
the face of the Ineffable, the one cosmic substance.
In trying to make love visible by packaging it,
we dilute its power, which lies in its subtlety and omnipresence.

L'amore è il cibo essenziale,
la faccia dell'ineffabile, l'unica sostanza cosmica.
Cercare di rendere l'amore visibile impacchettandolo,
diluiamo la sua potenza che è insita nella sua sottigliezza e ubiquità.

∞

Amari significa ascutari in manera assoluta.

To love is to fully listen.

Amare significa ascoltare in maniera assoluta.

93

Comu a li sirpenti ca si spogghianu di la so peddi,
d'accussì sunnu l'amanti nta la so vita nzemmula.
Comu la Natura cancia tramiti ncendii e allagamenti,
accussì fannu l'amanti nta la so evoluzioni, addumannusi e stutannusi.

As reptilians shed their skins,
so do lovers in their existence together.
As Nature transforms through fires and floods,
so do lovers in evolution, igniting and dissolving.

Come i rettili si spogliano della loro pelle,
così gli amanti nella loro esistenza insieme.
Come la Natura tramuta attraverso fuochi e allagamenti,
così fanno gli amanti nella loro evoluzione, accendendosi e spegnendosi.

∞

Ô principiu la nostra attrazioni fisica pi nautra pirsuna
pò essiri addumata di na mistirusa chimica originaria,
ma stu liami diventa chiù forti,
chiù nutrienti e trascinnenti
quannu veni ficunnatu di na spiritualità chiù auta.

Initially our physical attraction to another
may be ignited by a mysterious primal chemistry,
but this bond can become
more powerful, nurturing and transcendent
when infused with a higher spirituality.

All'inizio la nostra attrazione fisica per un'altra persona
può essere accesa da una misteriosa chimica originaria,
ma questo legame diviene più forte,
più nutritivo e trascendente
quando viene fecondato da una spiritualità più alta.

Li specchi di la pruiezioni hannu cicatu a tanti amanti.
Cu cridemu di essiri nostra/u amanti.
Semu puru niautri stissi. La canuscenza di niautri cumincia
quannu capemu ca semu nui a pruduciri stu trasferimentu.
Masinnò accusamu a cu nni ama,
nveci di esplurari lu nostru rolu
nta l'evoluzioni dâ storia dâ nostra vita.

The mirrors of projection have blinded many a lover.
Who we think is our lover, is also ourselves.
Self-knowledge begins
when we realize we produce this transference.
Otherwise we blame our lover,
instead of exploring our own role
in the unfolding stories of our lives.

Gli specchi della proiezione hanno accecato tanti amanti.
Chi crediamo sia il/la nostro/a amante è anche noi stessi.
L'auto conoscenza inizia quando ci rendiamo conto che siamo noi
a produrre questo trasferimento.
Altrimenti accusiamo chi ci ama,
invece di esplorare il nostro ruolo
nell'evoluzione della storia della nostra vita.

∞

L'amuri e lu ncuraggiamentu
ca toccanu la nostra arma e lu nostru cori
ponnu nesciri di pirsuni di cui menu ti l'aspetti.

From the least expected people
may come the love and encouragement
that touch our hearts and souls.

L'amore e l'incoraggiamento
che toccano la nostra anima e il nostro cuore
possono emanare da persone da cui te l'aspetti di meno.

L'amuri divotu supravvivi a tanti transizioni
di sessualità e *camaraderie.*
Si cunziddiramu sti transizioni comu canciamenti di forma,
nveci di punti finali, la nostra suffirenza diminuisci,
e lu nostru rapportu sintimintali diventa libiru di svillupparisi
nta la so nova forma.

Devoted love endures many transitions
of sexuality and camaraderie.
If we view these transitions as changes of form,
rather than as endings, our suffering diminishes,
and our bond is free to develop
into its next form.

L'amore devoto sopravvive tante transizioni
di sessualità e *camaraderie.*
Se considereremo queste transizioni come cambiamenti di forma,
invece che come punti finali, la nostra sofferenza diminuirà,
e il nostro rapporto sentimentale sarà libero di svilupparsi
nella sua prossima forma.

∞

Comu l'acqua chiuvana in primavera, l'amuri bagna tuttu
e manna splinnuri a tutti i banni.

Love, like spring rain,
moistens everything, radiating splendor.

L'amore, come la pioggia di primavera,
irrora tutto, irradiando splendore.

Pirchì nun fari l'amuri nta tuttu chiddu ca facemu,
lassannuni addumari di la spuntaneità e di l'intimità
nveci di viviri sutta la guida di abitudini stantii.

Why not make love in all we do,
letting spontaneity and intimacy ignite our lives,
rather than living from stale habit.

Perché non fare l'amore in tutto ciò che facciamo,
lasciando che la spontaneità e l'intimità accendano la nostra vita,
invece di vivere guidati da abitudini desuete.

∞

La manera di l'amanti è di essiri prisenti ô centu pi centu.

The way of the lover is to be fully present.

La maniera dell'amante è di essere presente in maniera assoluta.

∞

E d'accussì l'amuri fa nasciri l'amuri.
Niautri nni purtamu dappressu zoccu semu.

And so, love begets love;
we bring to ourselves what we are

E così, l'amore fa nascere l'amore;
portiamo a noi ciò che noi siamo.

∞

[XIV]

L'autunomia di li leggi dâ natura

THE AUTONOMY OF NATURE'S LAWS

L'autonomia delle leggi della natura

L'autunomia di li leggi dâ Natura
puntidda li storii ca cuntamu.

Underlying the stories we tell
is the autonomy of Nature's laws.

L'autonomia delle leggi della natura
puntella le storie che raccontiamo.

∞

La furesta è la granni integratrici, ristauratrici dî simenzi unni la fatica
dû munnu veni cancillata nton spaziu nettu, nun artificiusu.

Wilderness is the great integrator, restorer of seed,
where the weariness of the world is erased in uncontrived space.

La foresta è la grande integratrice, restauratrice dei semi dove
l'infiacchimento del mondo viene cancellato in uno spazio schietto.

∞

Lu misteru dû nostru essiri è impressu nvisibilmenti
supra ogni granellu di rina e ogni muntagna gigantisca.
Quannu ricanuscemu li migghiara di mitafuri di la vuci dâ natura,
putemu essiri guidati di lu battitu di sti codici oraculari.

The mystery of who we are is invisibly imprinted
within every granule of sand and massive mountain.
When we recognize the myriad metaphors of Nature's voice,
we can be guided by the pulse of these oracular codes.

Il mistero del nostro essere è impresso invisibilmente
in ogni grano di sabbia e in ogni montagna gigantesca.
Quando riconosceremo le innumerevoli metafore della voce della
Natura, potremo essere gidati dal pulsare di questi codici oracolari.

Accittannu la Natura comu parti di nui,
putemu ncanalari li so energii originarii,
navigannu cu intuizioni sublimi.

In acknowledging Nature as ourselves,
we can channel her primal energies,
navigating with sublime intuition.

Accettando la Natura come parte di noi,
possiamo incanalare le sue energie originarie,
navigando con sublime intuizione.

∞

Ccà nta la furesta vivi l'occasioni china di crapicci ca chiamamu vita.
Li miraculi ponnu divintari visibili nta sta dimenzioni
unni la realtà frabbicata si squagghia.

Here, in the wilderness, lives the whim-filled chance called Life.
Miracles may become visible in this dimension
where fabricated reality dissolves.

Qui nella foresta vive l'occasione colma di capricci che chiamiamo vita.
I miracoli possono diventare visibili in questa dimensione
nella quale la realtà fabbricata si scioglie.

∞

La Natura è indifferenti a li nostri spiegazioni di l'esistenza.

Nature is indifferent to our explanations of existence.

La Natura è indifferente alle nostre spiegazioni dell'esistenza.

La furesta nta la so cueti funnuta,
cunteni giacenzi di silenziu
accumulati senza pinzeri e prugetti.

The woodland, deep and still,
holds resevoirs of silence
accumulated without thought or plan.

La foresta, nella sua profondità e quiete,
contiene giacenze di silenzio
accumulate senza pensieri o progetti.

∞

Quannu taliamu li marei cu distaccu,
sia ca li unni sunnu placidi o frimenti,
spruzzanti o calmi, videmu ca
lu mari resta mari, na funti primaria pirmanenti.

When we observe the tides with detachment,
we see that whether the waves
are calm or seething, dashing or placid,
the sea remains the sea, incessantly the underlying source.

Quando osserviamo le maree con distacco,
sia che le onde siano calme o frementi,
schizzanti o placide, notiamo che
il mare rimane mare, fonte primaria permanente.

∞

La furesta nni offri na pagina bianca o tila
unni la nostra mmaginazioni si pò isari a volu e spirimintari.

Wilderness offers us an empty page or canvas
from which our imaginations can take flight and experiment.

La foresta ci offre una pagina bianca o tela
dalle quali la nostra immaginazione può alzarsi in volo e sperimentare.

Nta la furesta, libiri di l'interferenza umana,
li cicli di la Terra e li staciuni cuntinuanu senza firmarisi.
Li liggi dâ Natura sempri splennunu.

In the wilderness, liberated from human interference,
the Earth's cycles and seasons continue unabated—
Nature's laws ever shine.

Nella foresta, liberi dall'interferenza umana,
i cicli della Terra e le stagioni continuano senza pausa.
Le leggi della Natura splendono sempre.

∞

La Natura, na granni pignata vibranti di forzi visibili e nvisibili,
è na cosa ca avemu a esplurari e sentiri somaticamenti.

Nature, a vibrant cauldron of forces both visible and invisible,
is to be explored and experienced somatically.

La Natura, una grande pentola vibrante di forze visibili e invisibili,
è da esplorare ed esperire somaticamente.

∞

Li cundizioni climatichi senza numiru e li forzi
ca creanu li ciuri ca nasciunu e morunu,
sciuscianu puru dintra di niautri
comu energii enigmatichi, istinti e emozioni.

The myriad climates and forces
that create the flowers that bloom then die,
also gust through us
as enigmatic energies, instincts and emotions.

Le innumerevoli condizioni climatiche e le forze
che creano i fiori che germogliano e muoiono,
soffiano anche attraverso di noi
come energie enigmatiche, istinti ed emozioni.

La furesta nni duna l'opportunità
di svacantarinni chiossai possibili
di la densità di li distrazioni rumurusi di oggi
ca ntagghianu la risunanza chiù auta
pi penetrari sutta la superfici di li cosi.
Quannu semu in gradu di farlu, scupremu l'atemporali nta lu tempu
e sintemu li noti pirduti di la sinfunia cosmica,
li origini ca rinasciunu in ogni mumentu.

Wilderness allows us the opportunity
to empty ourselves as much as possible
of the density of today's noisy distractions
that numb the higher resonance,
to penetrate beneath the surface of things.
When we do, we discover the timeless in time
and hear the lost notes of a cosmic symphony,
the origins reborn in every moment.

La foresta ci da l'opportunità
di svuotarci il più possibile
della densità delle rumorose distrazioni
odierne che smorzano la risonanza
più alta, per penetrare al di sotto delle superficie delle cose.
Quando siamo in grado di farlo, scopriamo il senza tempo nel tempo
e udiamo le note perdute della sinfonia cosmica,
le origini rinate in ogni momento.

∞

Putemu lassari ciuriri li nostri senzibilità nta la furesta
comu li germogghi virdi di na perenni primavera.

We can let our sensibilities flourish in the wilderness
like verdant sprouts of a perennial spring.

Possiamo lasciar fiorire le nostre sensibilità nella foresta
come le gemme verdi di una perenne primavera.

L'arburi si riposanu ntô nvernu, mentri li essiri umani fannu la guerra.
Forsi, puru si niautri nun li videmu,
li stissi polarità esistunu nta la vita d'un arburu,
espressi in manera, cicli e cunfigurazioni differenti.

Trees rest in the winter, while humans wage war.
Yet perhaps, though unseen by us,
the same polarities exist within the tree's life,
expressed in different forms, cycles and patterns.

Gli alberi si riposano d'inverno, mentre gli esseri umani fanno la guerra.
Eppure, forse, anche se non visti da noi,
le stesse polarità esistono nella vita di un albero,
espresse in forme, cicli e configurazioni diverse.

∞

Si c'è menu interferenza di la genti nta la vita dâ furesta,
lu ciatu di Diu pò sciusciari chiù forti.

The less people interfere with the harmony of the wilderness,
the more God's breath may flow.

Se c'è meno interferenza della gente nell'armonia della foresta,
il fiato di Dio può soffiare di più.

∞

Quannu ci mustramu onuri a la terra comu a niautri stissi,
la Terra diventa lu nostru patrimoniu.

When we honor Nature as ourselves,
we inherit the Earth.

Quando onoreremo la Natura come noi stessi,
erediteremo la Terra.

∞

[XV]

Pruspittivi dimenziunali

DIMENSIONAL PERSPECTIVES

Prospettive dimensionali

Capennu ca la realtà è comu la pircipemu
cumporta na certa libirazioni, na certa grazia ntô viviri.

*With the realization that reality is as one perceives it,
comes a certain liberation, a grace in living.*

Rendendoci conto che la realtà è come la percepiamo comporta una
certa liberazione, una certa grazia nel vivere.

∞

La gnuranza e li equivoci nasciunu
quannu assumemu ca la realtà è una sula.
Nveci di capiri ca li nostri percezzioni e opinioni
sunnu sulu un aspettu di un dimenziunali interu.

*Ignorance and misunderstanding arise
from assuming that there is only one reality,
instead of realizing that our perceptions and opinions
are merely one facet of a dimensional whole.*

L'ignoranza e gli equivoci nascono
dall'assumere che la realtà sia solo una,
invece di capire che le nostre percezioni e opinioni
sono soltanto un aspetto di un intero dimensionale.

∞

Nun vidimu li cosi comu *iddi* sunnu, ma comu semu *niautri*.

We don't see things the way they are—but the way we are.

Non vediamo le cose come *esse* sono, ma nel modo come siamo *noi*.

108

Si la nostra menti è chiusa
li nostri percezzioni stannu stritti, nta un spaziu limitatu.

If our minds are closed,
our perceptions are cramped.

Se la nostra mente è chiusa,
le nostre percezioni saranno strette in uno spazio limitato.

∞

Li nostri interpitrazioni dâ realtà sunnu comu i vistiti ca purtamu
pi nun sintirinni trimari dû friddu nta lu Nenti.

Our interpretations of reality are like clothes we wear
so we won't shiver in the Void.

Le nostre interpretazioni della realtà sono come i vestiti
che portiamo per non sentirci tremare di freddo nel Vuoto.

∞

Na pittura è lu pitturi; un libru è lu so scritturi.
Niautri ricriamu nzoccu semu.

A painting is the painter; a book is its author.
We re-create what we are.

Una pittura è il pittore; un libro è il suo autore.
Ricreiamo ciò che siamo.

Si un numiru chiù autu di pirsuni capissi la relatività
dî so punti di vista,
forsi avissimu menu tirannia e chiù democrazia.

If more people were aware of the relativity
of their viewpoints,
perhaps there would be less tyranny and more democracy.

Se un numero superiore di persone si rendesse conto
della relatività dei loro punti di vista,
forse avremmo meno tirannia e più democrazia.

∞

La realtà emozionali pò essiri enigmatica comu lu clima.
Comu li staciuni ca cancianu, d'accussì puru li nostri interpitrazioni.
Quannu ossirvamu li cicli senza fini tramiti l'occhiu cosmicu,
li nostri pruspittivi si allarganu,
li nostri percezzioni diventanu olografichi.

Emotional reality can be as enigmatic as the climates.
As our seasons revolve, so too may our interpretations.
When we view the endless cycles through the cosmic eye,
our perspectives broaden;
our perception becomes holographic.

La realtà emozionale può essere enigmatica come il clima.
Come le nostre stagioni evolvono, così anche le nostre interpretazioni.
Quando osserviamo i cicli senza fine attraverso l'occhio cosmico,
le nostre prospettive si allargano;
le nostre percezioni diventano olografiche.

Nveci di viviri nta un munnu cu na sula realtà,
scantati di chiddu ca è multidimenziunali,
putemu scegghiri di iri e veniri ntra regni,
pirdennuli, riscuprennuli e nvintannuni autri.

Rather than live in a one-reality world,
afraid to experience the multidimensional,
we can choose to come and go between realms,
losing them, re-discovering them, and inventing new ones.

Invece di vivere in un mondo con una sola realtà,
timorosi del multidimensionale,
possiamo scegliere di andare e tornare tra regni,
perdendoli, riscoprendoli e inventandone nuovi.

∞

In ogni mumentu putemu essiri espluraturi di la menti
ca si tuffanu nta li atomi dû funnu marinu
e doppu nchianari a taliari li nnumirevuli realtà llumintati dû suli.
Putemu pinitrari sulu la superfici di li cosi
e iccari luci supra na canuscenza chiù prufunna.

At any moment, we can be mind-explorers
diving into the atoms of the ocean floor,
then peering up into the myriad sunlit realities.
We can penetrate the mere surface of things
and illuminate a deeper comprehension.

In ogni momento possiamo essere esploratori della mente
che si tuffano negli atomi del suolo marino
e poi risalire per fissare le innumerevoli realtà illuminate dal sole.
Possiamo penetrare solo la superficie delle cose
e rischiarare una conoscenza più profonda.

Videmu d'accussì comu pinzamu, lluminannu nzoccu pircipemu
tramiti la luci ca nui semu.

We see as we think, illuminating what we perceive
through the lamp of who we are.

Vediamo cosi come pensiamo, illuminando ciò che percepiamo
attraverso la luce che noi siamo.

∞

La nostra luci interna vidi
chiù luntanu di la vista eterna.
È cu la luci nterna
ca chiantamu li simenzi dû nostru germogghiu esternu.
Quannu li nostri percezzioni cancianu,
videmu li cosi diversamenti.
E quannu videmu diversamenti, criscemu.

Our inner light sees
beyond the range of our outer sight.
It is with our inner sight
that we seed our outer blossom.
When our perceptions change,
we see things differently.
And when we see differently, we evolve.

La nostra luce interiore vede
oltre il raggio della vista esterna.
È con la luce interna
che piantiamo i semi del nostro bocciolo esterno.
Quando le nostre percezioni cambiano,
vediamo le cose diversamente.
E quando vediamo diversamente, cresciamo.

Si mittemu a focu sulu li apparenzi esterni,
comu putemu capiri e cullaborari pi ottiniri lu significatu chiù prufunnu?
Nun è prubabili ca putemu condividiri na realtà cu autri
si li nostri supposizioni dirivanu di gnuranza
o preggiudizii supra la realtà chiù granni.

If we address merely external appearances,
how can we comprehend and collaborate on the deeper meaning?
It is unlikely we can share a reality with others
if our assumptions come from a misconception
or ignorance of the greater reality.

Se ci focalizziamo solo sulle apparenze esterne,
come potremo comprendere e collaborare riguardo il più profondo
significato? È improbabile che possiamo condividere una realtà
con altri se le nostre supposizioni derivano da ignoranza
o pregiudizi della realtà più grande.

∞

113

[XVI]

Ossirvannu lu tiatru di la vita

OBSERVING THE THEATER OF LIFE

Osservando il teatro della vita

Usannu la pruiezioni comu lu nostru strumentu,
senza sapirlu semu i prudutturi dû film ca chiamamu la nostra vita.

Using projection as our tool,
we unconsciously produce the movie we call our lives.

Usando la proiezione come il nostro strumento,
inconsciamente siamo i produttori del film che chiamiamo la nostra vita.

∞

Esisti na realtà senza la nostra pruiezioni?

Is there a reality without our projection?

Esiste una realtà senza la nostra proiezione?

∞

Quannu pircipemu la realtà tramiti la visioni panoramica,
videmu l'umorismu, l'ironia
di lu tiatru balordu ca vivemu.

When we perceive reality from the Overview,
we see the humor, the irony
of the outlandish theater we inhabit.

Quando percepiamo la realtà attraverso la visione panoramica,
vediamo l'umorismo, l'ironia
del balordo teatro in cui viviamo.

∞

Si lu nostru spiritu fussi libiru, putissimu viviri libiri
comu l'aceddi dintra la gaggia di li nostri costi.

We can be free as birds from within our ribcages,
if our spirits are liberated.

Se il nostro spirito fosse libero, potremmo vivere liberi
come uccelli dentro la gabbia delle nostre costole.

La pompa dell'Esistenza pò essiri ironica, patetica e bizzarra.
La nostra capacità di ossirvari la vita cu distaccu
diventa lu parrucu di la nostra libirazioni.

The Pageantry of Existence can be ironic, pathetic and bizarre.
Our ability to witness life with detachment
becomes the priest of our liberation.

La Pompa dell'Esistenza può essere ironica, patetica e bizzarra.
La nostra capacità di osservare la vita con distacco
diventa il sacerdote della nostra liberazione.

∞

Li temi archetipali classici nun cancianu—
sulu li atturi e li so maschiri, li costumi e lu scinariu.
D'accussì è la storia...

The classic archetypal themes do not change—
only the players and their masks, costumes and stage scenery.
Thus is history . . .

I temi archetipali classici non cambiano—
solo gli attori e le loro maschere, i costumi e lo scenario.
Così è la storia...

∞

Na vota ca nni damu cuntu di l'ironia dâ vita,
putemu gustari chiossai li so miravigghi.

Once we are aware of the irony of life,
we can revel more in its marvels.

Una volta che ci rendiamo conto dell'ironia della vita,
possiamo gustare di più le sue meraviglie.

La vita è na cumeddia tragica.

Life is a tragicomedy.

La vita è una commedia tragica.

∞

A parti lu scinariu,
semu ancora li pupazzi dû distinu.

Regardless of the stage scenery,
we are still puppets of destiny.

A parte lo scenario,
siamo ancora i pupazzi del destino.

∞

Li forzi dû distinu nni usanu ntô so modu particulari.
Ntôn senzu prufunnu, niautri *facemu* zoccu *semu*.

The forces of fate use us in their own peculiar way.
In a profound sense, we do what we are.

Le forze del destino ci usano nel loro modo peculiare.
In un senso profondo, noi *facciamo* ciò che *siamo*.

∞

Putemu distaccarini e ossirvari lu tiatru di l'esistenza umana
e doppu scegghiri si vulemu essiri ntricati cu idda.

We can step aside and observe the theater of human existence,
and then choose whether to get entangled.

Possiamo distaccarci e osservare il teatro dell'esistenza umana
e poi scegliere se esserne coinvolti.

∞

[XVII]

Siduzioni dû munnu e

disidderi ndirizzati mali

WORLDLY SEDUCTIONS AND

MISDIRECTED DESIRES

Seduzioni mondane e

desideri mal diretti

Quannu li nostri disidderi nni portanu a caccia,
forsi semu niautri a essiri ncagghiati ntâ trappula.

When our desires take us out to hunt,
perhaps we are the ones getting trapped.

Quando i nostri desideri ci portano a caccia,
forse siamo noi ad essere intrappolati.

∞

Lu vuliri è iddu stissu un latru,
un modu di pigghiari di la vita na cosa ca già
c'è tramiti na percezzioni sbagghiata.

Wanting *is itself a thief,*
taking from life with misperception
what is already there.

Volere è da solo un ladro,
un modo di prendere dalla vita qualcosa che già
c'è attraverso una percezione errata.

∞

Nenti è assicuratu, tranni ddi cosi ca rifiutamu;
tuttu lu restu si atrofizza nta la stritta di lu scantu.

Nothing is secure except that which is given up;
all else atrophies in the clasp of fear.

Nulla è assicurato eccetto ciò che abbiamo rifiutato;
tutto il resto si atrofizza nella stretta della paura.

Lu nostru munnu soffri di chiddu
ca lu Budda chiamau disidderi *ndirizzati mali.*

*Our world is suffering
from what Buddha called* misdirected *desire.*

Il nostro mondo soffre di ciò
che Buddha chiamò desideri *mal diretti.*

∞

Quannu nni libiramu di li nostri attaccamenti,
la nostra filosofia spirituali furnisci lu ponti
pi passari a munni chiù granni.

*When we let go of attachment,
our spiritual philosophy provides the bridge
for transition to more expansive worlds.*

Quando ci liberiamo dei nostri attaccamenti,
la nostra filosofia spirituale fornisce il ponte
per transitare a mondi più vasti.

∞

La ginirusità pò fari nasciri la cupidiggia a menu
ca nun si tratta cu discriminazioni e discrezioni.

*Generosity may spawn avarice
unless handled with discrimination and discretion.*

La generosità può generare la cupidigia a meno
che non sia trattata con discriminazione e discrezione.

Quannu lu scantu blocca lu passaggiu, nasciunu li bisogni.
La guarizzioni diriva di la cunsapevulizza
ca nui pussidemu zoccu nni servi
pi viviri lu nostru potenziali spirituali.
Si viaggiamu a l'internu, lu tisoru ca circamu nni aspetta.

When fear blocks transition, needs are born.
Healing comes from the realization
that we already have
whatever we need to live our spiritual potential.
If we travel within, the treasure we seek awaits.

Quando la paura blocca la transizione, nascono le esigenze.
La guarigione deriva dalla consapevolezza
che noi già possediamo ciò che ci serve
per vivere il nostro potenziale spirituale.
Se viaggeremo all'interno il tesoro che cerchiamo ci aspetterà.

∞

La cupidiggia è matri di la miseria.

Greed parents poverty.

La cupidigia genera la povertà.

∞

Niautri semu a sirviziu di li nostri disidderi.

We are employed by our desires.

Noi siamo al servizio dei nostri desideri.

Li siduzioni di lu munnu nun dannu risposti a lu lamentu.

Lament is unanswered by worldly seductions.

Al lamento le seduzioni mondane non danno alcuna risposta.

∞

Quannu lu disidderiu diriva da na miseria di spiritu,
iddu è nsaziabili.
Si cissamu di pinzari ca avemu bisognu di zoccu *nun esisti*,
putemu apprizzari megghiu zoccu *c'è* e
la percezzioni di zoccu manca scumpari sula sula.

When desire comes from some inward poverty,
it is insatiable.
If we stop thinking we need what is not
and enjoy what is,
the perception of lack vanishes of its own accord.

Quando il desiderio deriva da una povertà di spirito,
è insaziabile.
Se smetteremo di pensare di aver bisogno di ciò che *non esiste*
e apprezzeremo ciò che *esiste*,
la percezione di ciò che manca scomparirà da sola.

∞

Na vota ca avemu soddisfattu li bisogni basilari dâ supravvivenza,
picca resta comu bisognu.
Li veri gemmi sunnu nta l'acuità di li nostri sensi.

Once our basic survival needs are met,
there isn't a lot to need;
the true gems are in the acuity of our senses.

Una volta che abbiamo soddisfatto i bisogni basilari della
sopravvivenza, poco rimane come bisogno.
Le vere gemme sono nell'acuità dei nostri sensi.

Cu li cosi superflui, menu è chiossai.

With superfluous things, less is more.

Con le cose superflue, meno è più.

∞

Attraversu la cunsapevulizza putemu ricanusciri zoccu lu nostru iu
camuffa: li siduzioni e li distrazioni
ca cercanu di purtarinni fora via.

With awareness, we can recognize the ego disguises,
the seductions and distractions
that constantly tempt us off our path.

Attraverso la consapevolezza possiamo riconoscere ciò che il nostro io
camuffa: le seduzioni e distrazioni
che tentano di condurci fuori dalla via giusta.

∞

Lu disidderiu di quacchi cosa pò criari la fami,
ma vutannuni a l'internu
putemu cultivari un spaziu sacru ca nni pò purtari chiddu ca nni
apparteni.

Seeking can create hunger,
but by turning within,
we can cultivate a sacred space, which draws to us what is ours.

Il desiderio di qualcosa può creare la fame,
ma rivolgendoci all'interno,
possiamo coltivare uno spazio sacro che ci porterà ciò che è nostro.

124

Pirmittennuni lu donu chiù granni di viviri l'atemporali,
putemu libirarinni dû pisu di li ligami e disidderi mali ndirizzati.

In allowing ourselves the ultimate gift of living the timeless,
we can let the burden of misdirected desire and attachment go.

Permettendoci il dono maggiore di vivere nell'atemporale
potremo liberarci del bagaglio dei legami e desideri mal diretti.

∞

[XVIII]

Sintomi dû disordini nta la sucietà

SYMPTOMS OF SOCIETY'S DISORDER

Sintomi del disordine nella società

Li cosi a li quali la genti teni,
lu valuri esaggeratu ca dunamu ô successu apparenti,
la lodi ca li sistemi dunanu, parunu cosi assurdi certi voti.
Comu è ca putemu evitari li trappuli illusorii di lu nostru iu?
Sulu i santi, i ribbelli e autri stranii sunnu capaci di isarisi
supra di l'istinti di supravvivenza guidati dû timuri
e ddi viviri comu spiriti libiri?

Sometimes it seems ludicrous, the things people care about,
the exaggerated value we put on the facades of success,
on being lauded by the systems.
How can we avoid the self-deluding traps of ego?
Are only saints, renegades and other outsiders
capable of rising above their fear-driven survival instincts
and living as free spirits?

Le cose a cui tiene la gente,
il valore esagerato che diamo al successo apparente,
la lode elargita dai sistemi, sembrano cose grottesche a volte.
Com'è che possiamo evitare le trappole illusorie dell'io?
Solo i santi, i ribelli e altri estranei sono capaci di ergersi al di
sopra degli istinti di sopravvivenza guidati dal timore
e di vivere come spiriti liberi?

∞

Comu è facili miravigghiarisi supra lu senzu dî valuri
quannu videmu a quaccadunu ca si fregia di na casa di gustu mpeccabili
unni tutti li cosi morti sunnu beni curati
mentri li cosi vivi stannu murennu.

How easy it is to wonder about a sense of values
when we see someone showing off his house of impeccable taste,
where all the dead things are being cared for,
and all the live things are dying.

Com'è facile meravigliarsi sul senso dei valori quando vediamo
qualcuno che fa sfoggio di una casa dal gusto impeccabile
nella quale tutte le cose morte sono ben curate
mentre quelle vive sono moribonde.

La nzenzibilità nutrisci putiri illusoriu, cupidiggia e manipulazioni.
Quannu circamu lu putiri fora di nui,
di solitu circamu di cumpinzari
pi la mancanza di putiri a l'internu.
Si lu putiri è intrinsicu, pigghiarilu fora di nui nun è necessariu.

Insensitivity feeds false power, greed and manipulation.
When we seek power outside ourselves,
we are usually attempting to compensate
for the lack of power within.
If power is intrinsic, to capture it outside is unneeded.

L'insensibilità nutrisce potere illusorio, avarizia e manipolazione.
Quando cerchiamo il potere fuori di noi,
di solito cerchiamo di compensare
per la mancanza di potere all'interno.
Se il potere è intrinseco, catturarlo fuori di noi non è necessario.

∞

Lu nucleu dâ ricchizza
e li miccanismi ruggiati e rutti dû nostru tempu
portanu a lu sprecu nfinitu, schiavitù ecunomica,
e a lu bisognu, ora chiù chi mai,
di libirari li nostri spiriti di stu peggiuramentu.

The warp of wealth
and the fragmented and rusty mechanics of our times
lead to endless waste, economic slavery,
and the need, more than ever,
to liberate our spirits beyond this deterioration.

Il nucleo della ricchezza
e i meccanismi frammentati e arrugginiti del nostro tempo
conducono allo spreco infinito, alla schiavitù economica,
e al bisogno, oggi più che mai,
di liberare il nostro spirito oltre questo peggioramento.

La nostra tecnologia si sviluppa nta un Tuttu chiù organicu
sulu quannu lu facemu niautri.

*Our technology will develop into a more organic Whole
only when we do.*

La nostra tecnologia si svilupperà in un Insieme più organico
solo quando lo faremo noi.

∞

Li nostri doni ponnu divintari li nostri ummiri
sutta estremi circustanzi.

*Our gifts may become our shadows
under dire circumstances.*

I nostri doni possono diventare le nostre ombre
sotto estreme circostanze.

∞

Pirdemu lu veru significatu quannu semu tagghiati fora
di la nostra origini puetica, dû linguaggiu dû simbolismu.
Lu nostru pinzeri diventa liniari, frammintatu e distruttivu
e nutrisci sistemi di cridenzi fanatici.

*When severed from our poetic origin,
from the language of symbolism, we lose the true meanings.
Our thinking becomes linear, fragmented and self-destructive,
fueling fanatical belief systems.*

Perdiamo il vero significato quando siamo tagliati
dalla nostra origine poetica, dal linguaggio del simbolismo.
Il nostro pensiero diventa lineare, frammentato e distruttivo,
e nutrisce sistemi di credenze fanatiche.

Cu li dinari comu lu nostru meli, runzamu comu li vespi,
ma chiddu ca ricavamu pò nun essiri tantu duci.

With money as our honey, so we buzz,
but what we procure may not be so sweet.

Con il denaro come il nostro miele, così ronziamo,
ma ciò che ricaviamo può anche non essere tanto dolce.

∞

Cu la frenesia accellirata di li nostri tempi robotici,
l'atemporali ha statu cacciatu fora dû mumentu.

With the accelerated frenzy of our robotic times,
the timeless has been blasted out of the moment.

Con la frenesia accelerata dei nostri tempi robotici,
l'atemporale è stato espulso dal momento.

∞

Quantu pò essiri prolifica la vita
quannu malgradu li rumuri e l'esigenzi dû munnu
putemu essiri presenti in manera assoluta,
vulnerabili e cu li nostri sensi vibranti.

How fecund life can be,
when despite the world's noise and demands,
we can still be fully present,
vulnerable and sensorially vibrant.

Quanto può essere feconda la vita
quando malgrado i rumori e le esigenze del mondo,
possiamo essere completamente presenti,
vulnerabili e con i nostri sensi vibranti.

∞

[XIX]

Lassari ntrasiri li fantasmi

LETTING THE GHOSTS ENTER

Lasciare che i fantasmi entrino

Ricanusciri la nostra umanità in manera chiù cumpleta
voli diri pigghiari cuscenza e accittari lu nostru latu scuru.

To recognize our humanity more fully
is to acknowledge and accept our dark side.

Riconoscere la nostra umanità in maniera più completa
vuol dire prendere coscienza ed accettare il nostro lato oscuro.

∞

Dintra di nui esistunu tutti li forzi e criaturi sarvaggi.
Distruggennu li gaggi dû nostru preggiudiziu,
riniscemu a ntravidiri la bestia ca s'ammuccia dintra.

Within us exists every force and wild creature.
In ripping apart our cages of prejudice,
we see through to the beast that lurks within.

Dentro di noi esistono tutte le forze e creature selvagge.
Strappando le gabbie del nostro pregiudizio,
riusciamo ad intravedere la bestia che si nasconde dentro.

∞

Lu preggiudiziu e lu giudiziu dirivanu
dû rifiutu dû nostru latu scuru.

Prejudice and judgment arise from our denial
of the shadow side of ourselves.

Il pregiudizio e il giudizio derivano
dal rifiuto del nostro lato oscuro.

134

Pi criari lu nostru regnu internu è necessariu abitari li nostri ummiri,
tracciannuni li origini e tramutannu li so energii.

To create our inner kingdom requires inhabiting our shadows,
tracing their origins, and transmuting their energies.

Per creare il nostro regno interiore è necessario abitare le nostre ombre,
tracciarne le origini e tramutare le loro energie.

∞

Un atteggiamentu prisintusu spissu ammuccia
na basilari viulenza e nsicurizza difensiva.

A self-righteous attitude often masks
a defensive underlying violence and insecurity.

Un atteggiamento presuntuoso spesso maschera
una basilare violenza e insicurezza difensiva.

∞

Quannu semu in gradu di sincronizzari li nostri istinti
tramiti la nostra cuscenza chiù auta,
putemu supirari li nostri timuri
e l'atteggiamenti difensivi e ripetitivi ca dirivanu d'iddi.

When we are able to synchronize our instincts
with our higher consciousness,
we can rise above our fears
and resulting repetitious modes of defense.

Quando siamo in grado di sincronizzare i nostri istinti
attraverso la nostra coscienza più alta,
possiamo superare i nostri timori
e gli atteggiamenti difensivi e ripetitivi che risultano da essi.

Niautri siparamu li nostri rivali di li nimici formidabbili interni.
Nun putemu mai aviri paci
quannu nutremu pulitichi cumpetitivi ntra d'iddi.

We externalize our rivals from our formidable foes within.
We cannot have peace
when we harbor our own competitive politics.

Noi esternalizziamo i nostri rivali dai formidabili nemici interni.
Non potremo avere mai pace
nutrendo politiche competitive tra di loro.

∞

Putemu divintari amici cu la morti ca vivi dintra di nui,
senza bisognu di accusari a l'autri
pi li notti senza luna e li jurnati senza suli.

We can become friends with the death that lives within,
no longer needing to blame others
for the moonless nights, sunless days.

Possiamo diventare amici con la morte che vive dentro di noi,
senza bisogno di accusare gli altri
per le notti senza luna e le giornate senza sole.

∞

Putemu sintirinni chiù vivi, chiù vitali,
esplurannu li strati scuri di l'internu,
lassannu ca lu TAU scurri dintra di nui arricchennuni.

We can feel more alive, more vital
for exploring the dark passages within,
for allowing the Tao to flow through and enrich us.

Possiamo sentirci più vivi, più vitali
esplorando le vie oscure dell'interno,
lasciando che il Tao scorra entro di noi arricchendoci.

Quannu sintemu na forti avvirsioni, un forti disprezzu o rancuri,
pò essiri lu stissu elementu
di cui avemu bisognu pi pigghiarinni cuscenza
e pi guaririnni in modu cumpletu.
Li nostri nimici ponnu ncarnari e rivilari
l'aspettu spirsunalizzatu o l'ummira di niautri stissi.

When we feel an aversion, a strong loathing or wrath,
it may be the very element
that we need to acknowledge
and heal within ourselves.
Our so-called enemies may embody and reveal
the depersonalized or shadow aspect of ourselves.

Quando sentiamo un'avversione, un forte disprezzo o rancore,
può essere lo stesso elemento
di cui abbiamo bisogno
per prenderne coscienza e per guarirci interamente.
I nostri cosiddetti nemici possono incarnare e rivelare
l'aspetto ombra spersonalizzato di noi stessi.

∞

[XX]

Chiarizza suspisa

SUSPENDED CLARITY

Chiarezza sospesa

Pirchì nun cunziddirari l'ambivalenza comu chiarizza suspisa.

Why not relate to ambivalence as suspended clarity

Perché non considerare l'ambivalenza come chiarezza sospesa.

∞

La ndicisioni pò essiri appropriata comu un postu di suspinzioni
mentri aspittamu li risposti dû tempu cosmicu.

Indecisiveness may be appropriate as a place of suspension
while we await the answers of cosmic time.

L'indecisione può essere appropriata come un posto di sospensione
mentre attendiamo le risposte del tempo cosmico.

∞

Na dicisioni ca non veni pi cuntu so, havi a essiri misa di latu
finu a quannu diventa matura.
Pinzari ca è necessariu pigghiari na dicisioni pò criari un problema.
Quannu è ura di agiri, sintemu lu focu e l'intuizioni nni fa la guida

A decision that does not come of its own, should be set aside
until it ripens. The assumption that we must make a decision
may create the problem. When it is time to act, we are ignited,
and intuition guides us.

Una decisione che non viene da sola, va messa da parte
fino a quando non maturerà.
Assumere che dobbiamo decidere può creare il problema.
Quando sarà ora di agire, saremo accesi e l'intuizione ci guiderà.

∞

Cu esita pò puru nun essiri persu...

He who hesitates may not be lost . . .

Chi esita può anche non essere perduto...

∞

[XXI]

Viviri cu lu paradossu

LIVING WITH PARADOX

Vivere col paradosso

Li cuntraddizioni libiranu li giniralizzazioni
dî so trappuli cuncettuali.

*Contradiction frees generalizations
from their conceptual prisons.*

Le contraddizioni liberano le generalizzazioni
dalle loro trappole concettuali.

∞

Comu n'altalena li basci di la quali rennunu possibili li auti,
li nostri doni ponnu nesciri di li nostri limitazioni.

*Like a seesaw whose lows make the highs possible,
from our limitations may come our gifts.*

Come un'altalena i cui bassi rendono possibili gli alti,
i nostri doni possono emergere dalle nostre limitazioni.

∞

Putemu cuntari supra la custanza di lu ncustanti.

We can rely on the constancy of the inconstant.

Possiamo contare sulla costanza dell'incostante.

∞

La forza criativa dâ vita diriva dâ tenzioni custanti di li polarità
e lu modu cu cui navigamu ntra sti forzi.

*Creative life force comes from the sustained tension of polarities
and the fashion in which we navigate these forces.*

La forza creativa della vita deriva dalla tensione costante delle polarità
e il modo con cui navighiamo tra queste forze.

Chi ciuri scuri girmogghianu di sta jurnata di suli?
Chi cuntraddizioni nesciunu dû so latu oppostu?

What dark flowers will blossom from this sunny day?
What contradiction will emerge from its opposite?

Che fiori scuri sbocceranno da questa giornata di sole?
Che contraddizioni emergeranno dal loro opposto?

∞

Ogni virità, essennu suggittiva,
havi almenu un protagunista ca l'accumpagna o na "minzogna".
Tutti li storii dâ realtà hannu lu duvirusu compitu
di pruvari la so currittizza davanti a nui.

Every truth, being subjective,
has at least one accompanying protagonist or 'lie.'
All stories of reality are devoted to the dutiful task
of proving themselves right to us.

Ogni verità, essendo soggettiva,
ha almeno un protagonista che l'accompagna o una "bugia".
Tutte le storie della realtà hanno il doveroso compito
di provare la loro correttezza davanti a noi.

∞

La genti crea la vita dicennu di "sì" a li "no".

People make lives out of saying "yes" to "nos."

La gente crea la vita dicendo di "sì" ai "no".

∞

La vita voli ca la morti sia la so co-criatrici.

Life demands that death be its co-creator.

La vita richiede che la morte sia la sua co-creatrice.

143

Assai virtù sunnu ginirati
di disordini ammucciati di carattiri.

*Many a 'virtue' is parented
by a hidden character disorder.*

Molte virtù sono generate
da celati disordini di carattere.

∞

Inerenti a la criazioni di ogni cosa c'è puru la so distruzioni.

Inherent in the creation of anything is also its annihilation.

Inerente alla creazione di ogni cosa c'è anche la sua distruzione.

∞

Zoccu *nun è,* è puru zoccu *è.*

The is not *is also the* Is.

Ciò che *non è,* è anche ciò che *è.*

∞

Lu Nvisibili è la pulsazioni dû visibili,
vistu sulu attraversu l'occhiu di lu spiritu.

*The Invisible is the pulse of the visible,
seen only by the Spirit's eye.*

L'Invisibile è il pulsare del visibile,
visto solo attraverso l'occhio dello spirito.

∞

[XXII]

La fidi nta lu TAU

FAITH IN THE TAO

La fede nel TAO

Quannu nun putemu cuntrullari o canciari quacchi cosa,
avemu na cunsulazioni—
la paci nta la nostra cunsapevulizza di la so autonomia.

When we cannot change or control something,
there is a relief—
peace in our awareness of its autonomy.

Quando non possiamo controllare o cambiare qualcosa,
c'è una consolazione—
la pace nella nostra consapevolezza della sua autonomia.

∞

Lu Tau è na unna elettrica, cunvirgenti e cumpiacenti.
Sentiri la so curenti, lu so vuliri significa lassarisi pigghiari.

The Tao is a converging, yielding, electrical wave;
to sense its current, its will, is to let it take us.

Il Tao è un'onda elettrica, convergente e arrendevole;
sentire la sua corrente, il suo volere significa lasciarsi prendere.

∞

Quannu nni iazzamu supra li nostri timuri e vogghi di nterferiri,
ntrasemu nta un regnu unni ogni cosa senza nuddu sforzu
pigghia lu so postu ntôn mosaicu di disegnu armuniusu e significativu.

When we rise above our fears and interfering will,
we enter a realm where everything falls effortlessly
into a mosaic of meaningful and harmonious design.

Quando ci ergiamo sopra le nostre paure e voglia di interferire,
entriamo in un regno dove ogni cosa senza sforzo alcuno
prende posto in un mosaico dal disegno armonioso e significativo.

Lu tentativu di cuntrullari la vita suvverti lu so scurriri.

To try to control life, subverts its flow.

Il tentativo di controllare la vita sovverte il suo fluire.

∞

Nn'illudemu a cridiri ca semu ô cumannu,
ntô frattempu
lu Distinu bagna la ghianna dû nostru essiri.

We delude ourselves with the erroneous belief
that we are in charge,
but all the while Destiny is watering the acorn of our being.

Ci illudiamo credendo di essere al comando,
nel frattempo
il Destino irriga la ghianda del nostro essere.

∞

Li miraculi nun sunnu criati di na voluntà putenti
o di na menti determinata a junciri lu scopu.
Iddi succedunu quannu sunnu pronti,
comu manifistazioni dû Cosmu Maggiuri.

Miracles aren't created by the forceful will
or the purpose-filled mind;
they occur when they are ready,
as manifestations of the Greater Cosmos.

I miracoli non sono creati da una volontà potente
o da una mente determinata a raggiungere uno scopo;
accadono quando sono pronti,
come manifestazioni del Cosmo Maggiore.

Chi pazzia pinzari ca li Granni Forzi
ponnu canciari li so currenti.

*What folly to hope that the Grand Forces
will change their currents.*

Che follia pensare che le Grandi Forze
possano cambiare le loro correnti.

∞

Quannu semu a cuntattu cu la ciamma dâ nostra passioni,
li venti dû tempu emettunu li cordi di la sincronicità,
attraennu mistiriusamenti culleghi e amici a nui
comu cumpunenti essenziali di na missioni cumuni.

*When we are in touch with our flame of passion,
the winds of time emit the chords of synchronicity,
mysteriously drawing colleagues and friends to us
as our essential components of mutual mission.*

Quando siamo a contatto con la fiamma della nostra passione,
i venti del tempo emettono le corde della sincronicità,
attraendo misteriosamente colleghi e amici a noi
come componenti essenziali di una missione comune.

∞

Putemu aviri fiducia ca lu nostru novu ciuri trimanti
si gira e crisci versu lu suli?

*Can we trust the new, quivering flower of ourselves
to grow towards the sun?*

Possiamo aver fiducia nel nostro nuovo tremante fiore
di crescere verso il sole?

È sulu quannu avemu la spiranza ca nun ni avemu bisognu.

It is only when we have hope that we don't need it.

È solo quando abbiamo la speranza che non ne abbiamo bisogno.

∞

[XXIII]

Frummentu pi lu mulinu spirituali

GRIST FOR THE SPIRITUAL MILL

Granaglie per il mulino spirituale

Malgradu ca li abrasivi esigenzi dâ vita
minaccianu la nostra calma di cuntinuu,
sti fidi ponnu divintari basuli
supra la scala di la canuscenza di niautri.

Although the abrasive demands of existence
continually threaten our deeper calm,
these challenges may become rungs
on the ladder of self-knowledge.

Malgrado che le abrasive esigenze della vita
minaccino la nostra calma continuamente,
queste sfide possono diventare gradini
sulla scala della conoscenza di noi stessi.

∞

Nta li suffirenzi la nostra cumpassioni crisci,
dannuni la possibilità di essiri chiù simpatetici.
Attraversu la nostra mutua simpatia, nni guaremu.

In suffering, our compassion increases,
enabling us to be more empathetic.
In our empathy for each other, we heal ourselves.

Nella sofferenza, la nostra compassione cresce,
dandoci la possibilità di essere più simpatetici.
Attraverso la nostra mutua simpatia, ci guariamo.

∞

Li gemmi dû tisoru sunnu parturuti
di li ciammi di li radichi niuri dâ terra.

The gems of poetic treasure are birthed
from the flames of the Earth's black roots.

Le gemme del tesoro poetico vengono partorite
dalle fiamme delle radici nere della Terra.

Accittannu zoccu esisti, nveci di cummattirilu,
putemu mpusissarini di lu nostru tronu di smiraldu
ntô menzu di li giardini mpiriali di dintra.

In accepting, rather than struggling against what Is,
we can claim our emerald throne
amidst the imperial gardens within.

Accettando ciò che è, invece di combatterlo,
possiamo rivendicare il nostro trono smeraldo
in mezzo dei giardini imperiali interiori.

∞

La sfurtuna o li sfidi ponnu essiri frummentu pi lu nostru mulinu,
l' "abrasioni pi lu raffinamentu".*

Misfortune or challenge can be the grist for our mill,
the 'abrasion for refinement.'

La sfortuna o le sfide possono essere il grano per il nostro mulino,
l' "abrasione per il raffinamento".*

———

*Dirivatu da la frasi "refining through abrasion" di Benjamin
DeCasseres (1873-1945) filosofu, pueta, drammaturgu e giurnalista.

*Derived from the phrase, "refining through abrasion," from Benjamin
DeCasseres (1873-1945), philosopher, poet, playwright, journalist.*

*Derivata dalla frase "refining through abrasion" di Benjamin
DeCasseres (1873-1945) filosofo, poeta, drammaturgo, giornalista.

Quannu circamu sullevu pi li suffirenzi dû munnu,
putemu ricurdarinni dû bisognu di na pruspittiva cosmica.
Putemu ricurdarini di nun opponiri risistenza contru lu duluri,
ma di lassarlu passari dintra di nui comu na unna.
La vita è un prucessu di raffinamentu
attraversu lu quali vinemu mudillati dî venti e dî timpesti.

When we seek release from earthly suffering,
we can remind ourselves of the need for a Cosmic perspective.
We can remember not to resist pain
but to let it move through us like a wave.
Life is a refining process
through which we are sculpted by the winds and storms.

Quando cerchiamo il sollievo dalla sofferenza del mondo,
possiamo ricordarci del bisogno di una prospettiva cosmica.
Possiamo ricordarci di non opporre resistenza contro il dolore,
ma di lasciarlo passare dentro di noi come un'onda.
La vita è un processo di raffinamento
attraverso il quale veniamo levigati dai venti e dalle tempeste.

∞

Suffremu quannu risistemu ô canciamentu.
Lu disagiu pò essiri sintomu ca semu opposti a la transizioni.
Ma quannu li spini fannu sanguniari li nostri stanzi intimi,
lu canciamentu havi a pigghiari forma pi forza.

When we resist change, we suffer.
Discomfort may be a symptom that we are inhibiting transition.
Yet, when the thorns bleed our intimate chambers,
change is forced into being.

Soffriamo quando resistiamo al cambiamento.
Il disagio può essere un sintomo che siamo opposti alla transizione.
Eppure, quando le spine fanno sanguinare le nostre intime camere,
il cambiamento è costretto a prendere forma.

La parola giappunisi "Fudoshin" voli diri
mantiniri lu cori sirenu davanti a la gioia o a l'avversità.
Quannu vivemu in riverenza dû miraculu dâ vita
e apprufunnemu la nostra cumprenzioni di li polarità,
accittannu ca la vita e la morti
sunnu sulu cuntinuazioni l'una di l'autra,
semu in gradu di taliari li forzi dû Tao cu neutralità.
Putemu ristari aperti ntô menzu di sti sfidi?

The Japanese word 'Fudoshin' means
to keep our hearts unshaken before joy or misfortune.
When we live in reverence for the miracle of life
and deepen our understanding of the polarities,
acknowledging that life and death
are merely continuations of each other,
we are able to witness the Tao of forces with neutrality.
Can we remain open in the grist of these challenges?

La parola giapponese "Fudoshin" significa
mantenere il cuore sereno davanti alla gioia o l'avversità.
Quando viviamo in riverenza del miracolo della vita
e approfondiamo la nostra comprensione delle polarità
accettando che la vita e la morte
sono semplicemente continuazioni l'una dell'altra,
siamo in grado di guardare le forze del Tao con neutralità.
Possiamo rimanere aperti nel mezzo di queste sfide?

La supravvivenza nni custrinci a canciari.
Comu putissimu evolviri senza la so battagghia e crudizza?
Sti estremi stannu accellirannu,
ammuttannuni dintra lu coddu dâ buttigghia
di li trasfurmazioni pirsunali e di lu munnu.

Survival forces us to change;
without the struggle and rawness, how would we evolve?
These extremes are accelerating,
propelling us through the bottleneck
of personal and worldwide transformation.

La sopravvivenza ci costringe a cambiare;
come potremmo evolvere senza la sua battaglia e crudezza?
Questi estremi stanno accelerando,
spingendoci attraverso il collo di bottiglia
delle trasformazioni personali e mondiali.

∞

[XXIV]

Riflessioni casuali

RANDOM MUSINGS

Riflessioni casuali

La nostra cunnessioni cû Sublimi
è la basi pi tutti li nostri autri relazioni.
Lu nostru sistema di cridenzi autru nun è
ca li ncrispaturi di la rilazioni primaria.

Our connection with the Sublime
is the foundation for all our other relationships.
Our belief systems are but ripples
reflecting this primary relationship.

La nostra connessione col Sublime
è la fondazione per tutte le nostre altre relazioni.
Il nostro sistema di credenze altro non è
che le increspature della relazione primaria.

∞

La furesta di lu Nconsciu
è rigugghiusa di gemmi di l'infinitu.

The wilderness of the unconscious
is lush with the gems of infinity.

La foresta dell'inconscio
è rigogliosa di gemme dell'infinito.

∞

Quantu è curta la ciamma dâ nostra cannila.
Nun spricati lu so mecciu.

How brief our candle's flame;
waste not its wick.

Quant'è breve la fiamma della nostra candela.
Non sprecate il suo stoppino.

Comu facemu pi distinguiri ntra la missioni e l'ambizioni,
lu disidderiu di cumunicari e la ricerca di la propria mpurtanza?

How do we distinguish between mission and ambition,
the desire to communicate and the pursuit of self-importance?

Come facciamo a distinguere tra la missione e l'ambizione,
il desiderio di comunicare e la ricerca della propria importanza?

∞

Tuccai cu li mani un granciu aranciuni nicareddu circunnatu
di fucu dû stissu culuri e mentri ossirvavu comu faceva finta
di essiri mortu, riflittivi supra a quanti voti,
a modu nostru, facemu finta di essiri morti.

I poked a tiny orange crab that matched the surrounding kelp,
and watching it play dead like creatures do,
mused about how often we play dead
in our own peculiar fashions.

Ho palpato un piccolo granchio arancione circondato
da fuco dello stesso colore e mentre osservavo
come fingeva di essere morto, ho riflettuto su quante volte,
a modo nostro, simuliamo di essere morti.

∞

Guadagnamu benefici nutritivi
diggirennu filosofii ca ispiranu
comu di lu manciari ca cunzumamu.

We gain nutritional benefit
from the digestion of inspirational philosophies
as well as from the food we consume.

Guadagniamo benefici nutritivi
dalla digestione di filosofie che ispirano
come dal cibo che consumiamo.

158

La cuscenza è na forma di redazioni.

Consciousness is a form of editing.

La coscienza è una forma di redazione.

∞

Pirchì nun cunziddirari li sbagghi comu rivelazioni dû Misteru.

Why not see mistakes as revelations from the Mystery.

Perché non considerare gli errori come rivelazioni del Mistero.

∞

Pirdirisi è nautru modu di truvarisi.

Getting lost can be another way of finding oneself.

Perdersi è un altro modo di trovarsi.

∞

Quannu semu alienati, divisi ntra nui stissi,
lu nostru munnu diventa sterili.
Lu significatu scumpari senza la passioni, la faidda di l'inanimatu.

When we are alienated, divided against ourselves,
our world becomes barren.
Meaning vanishes without passion, the igniter of the inanimate.

Quando siamo alienati, divisi contro noi stessi,
il nostro mondo diventa sterile.
Il significato scompare senza la passione, l'accendino dell'inanimato.

Puru si valemu na cosa di nenti,
semu chiù di li nostri apparenzi.

We are more than our appearances—
if we are worth anything at all.

Anche se valiamo poco o niente,
siamo più delle nostre apparenze.

∞

L'ordinariu, lu miccanizzatu pò essiri trasfurmatu
di un canciamentu di percezzioni, na vitalità di lu spiritu.
Quannu semu ispirati,
nzinu a chiddu ca è di stu munnu, la tecnologia di la ripetizioni,
pò essiri na mudesta e esilaranti meditazioni.

The ordinary, the mechanized can be transformed
by a change of perception, a vibrancy of spirit.
When we are inspired,
even the mundane, the technology of repetition,
can be a quietly exhilarating meditation.

L'ordinario, il meccanizzato può essere trasformato
da un cambio di percezione, da una vitalità dello spirito.
Quando siamo ispirati,
persino ciò che è mondano, la tecnologia della ripetizione,
può essere una meditazione modestamente esilarante.

∞

Ci sunnu vari modi pi essiri militanti
senza fari parti di un esercitu.

There are many ways one can be militant
without being in the military.

Ci sono vari modi per essere militante
senza far parte di un esercito.

160

Ah essiri libiri di li nostri prizziusi virtù!

Ah, to be free of our precious virtues!

Ah essere liberi delle nostre preziose virtù!

∞

Quannu un patruni teni la corda dû so cani troppu stritta,
forsi idddu puru sta circannu di teniri sutta cuntrollu li so istinti.

When a human master holds his dog's leash too tightly,
perhaps he is also attempting to restrain his own instincts.

Quando un padrone tiene il guinzaglio del suo cane troppo stretto,
forse anche lui sta cercando di tenere a bada i propri istinti.

∞

Nenti è siparatu di l'ambienti.
Diggiremu la cuscenza di ogni cosa ca manciamu,
la carni macillata, l'aceddu ammazzatu, la nutizia,
li pinzeri e li sistemi di opinioni di l'autri.

Nothing is separate from its environment.
We digest the consciousness of everything we ingest:
the murdered cow, the slain bird, the news,
the thoughts and belief systems of others.

Nulla è separato dall'ambiente.
Digeriamo la coscienza di ogni cosa che mangiamo;
la vacca macellata, l'uccello ucciso, la notizia,
i pensieri e i sistemi di opinione degli altri.

Facemu parti di na cosmica catina di cosi di manciari,
un acquariu in cuntinua espanzioni di criaturi cannibalistichi
di ogni specii e forma mmaginabili e nun mmaginabili—
tutti vutati a divurarinni.
Li nostri diversi pititti diversi cunsumanu
e assimilanu l'energii e li idei di l'autri senza firmarisi.
Semu tutti pridaturi e predi,
junciuti ntra di nui di l'esigenza di supravviviri.

We are part of a cosmic food chain,
an infinitely expanding aquarium of cannibalistic creatures
in every size and shape imaginable and unimaginable—
all devouring each other.
Our diverse appetites incessantly consume
and assimilate the energy and ideas of others.
We are all predators and prey,
interconnected by our need to survive.

Facciamo parte di una cosmica catena di cibo,
un acquario in continua espansione di creature cannibalistiche
di ogni sorta e forma immaginabile e inimmaginabile—
tutti intenti a divorarci.
I nostri diversi appetiti consumano
e assimilano le energie e le idee degli altri incessantemente.
Siamo tutti predatori e prede,
congiunti tra di noi dall'esigenza di sopravvivere.

∞

Quannu pirdemu lu nostru "imp",
vali a diri, lu fuddittu internu, nun putemu essiri imp-utenti.

When we lose our inner 'imp,'
we become imp-potent.

Quando perdiamo il nostro "imp" interiore
(spiritello), non possiamo essiri imp-utenti.

162

L'infiniti energii archetipali—
di lu magu a la matriarca, a la vittima—
nni nzignanu di cuntinuu e nni condizionanu ntô nostru cumpurtamentu.
Si riniscemu a ricanusciri sti dinamichi,
putemu ndirizzarili cu l'occhi aperti versu scopi chiù auti.

Endless archetypal energies—
from the warlock to the matriarch, to the victim—
are continually teaching us and impelling our behavior.
If we can recognize these dynamics,
we can consciously direct them toward our higher purpose.

Le infinite energie archetipali—
dal mago alla matriarca, alla vittima—
ci insegnano continuamente e ci spingono nel nostro comportamento.
Se riusciremo a riconoscere queste dinamiche,
potremo indirizzarle consciamente verso scopi più alti.

∞

L'illusioni e li delusioni sunnu li mammini di l'ambizioni,
vistu ca pruittamu lu nostru condizionamentu supra li spiranzi futuri.

Illusions and delusions are the midwives of ambition,
since we project our conditioning onto our future hopes.

Illusioni e delusioni sono le levatrici dell'ambizione,
visto che proiettiamo il nostro condizionamento sulle speranze future.

∞

Quannu onuramu lu Misteru senza funnu,
li paroli ponnu pariri intermidiarii pisanti.

When we revere the fathomless Mystery,
words can seem like cumbersome intermediaries.

Quando riveriamo il Mistero senza fondo,
le parole possono sembrare intermediari pesanti.

Comu si spiega ca li nostri megghiu ntinzioni nun sunnu sufficenti
a siminari e a fari crisciri na pocu di amichevuli lippu
nta li strati mpitrati di la vita?
È forsi pirchì nun scigghiemu
li forzi archetipali ca dunanu la forma a la nostra crita?

Why isn't higher intention enough
to seed the rough cobblestone path of life with a friendly moss?
Is it because we don't choose
the archetypal forces that mold our clay?

Come si spiega che le nostre migliori intenzioni non siano sufficienti
a seminare e a far crescere del muschio amichevole
nella strada acciottolata della vita?
È forse perché non scegliamo
le forze archetipali che danno la forma alla nostra creta?

∞

Li nostri sonnura sunnu li canzuni
ca lu nostru cori canta a la nostra arma.

Our dreams are the songs
our hearts play to our souls.

I nostri sogni sono le canzoni
che il nostro cuore canta alla nostra anima.

∞

Ora è la staciuni pi nutriri li nostri armi,
in modu ca li simenzi dû spiritu ponnu dari vita a un munnu novu.

Now is the season for our souls to be nourished,
for the seeds of spirit to birth a new world.

Ora è la stagione per nutrire le nostre anime,
in modo che i semi dello spirito possano dare vita a un mondo nuovo.

∞

Postfazioni

Pubblicai un libru di proverbi siciliani pocu tempu fa. Comu sapemu, li proverbi cuntenunu in forma cundinzata la saggizza d'un populu comu emergi di seculi di espirienzi di vita, suffirenzi e gioi. Pi chistu, quannu Stanley Barkan mi desi na copia di *Soul seeds* (Simenzi di l'arma) di Carolyn Mary Kleefeld e mi dumannau di fari la traduzioni in italianu si stabiliu un senzu di continuità ntô me travagghiu ca divintau ancora chiù urgenti quannu dicidemmu di traduciri lu libru puru in sicilianu. Comu Prisidenti di Arba Sicula ca promovi la lingua e la cultura dâ Sicilia, era mpurtanti traduciri in sicilianu l'aforismi puetici di Carolyn Mary Kleefeld, ca parunu tagghiati ntâ petra, pirchì mi dava l'opportunità di dimustrari ca lu sicilianu è capaci di esprimiri tutti li sfumaturi dû testu di Kleefeld ancuratu ntâ filosofia, psicologia e riligioni orientali, cu tersi frasi lapidari ca ribbummanu nta la memoria dû litturi assai tempu doppu ca pusaru lu libru.

Lu sicilianu e lu talianu nasceru comu viiculi pir esprimiri lu pinzeri pueticu, prima nta la Scola di Puisia Siciliana e doppu tramiti lu triunviratu dî pueti tuscani (Danti, Pitrarca e Boccacciu) e sunnu ricchi nta lu campu scigghiutu di Carolyn Mary Kleefeld pi lu so travagghiu. A cuminciari cu li *Flores Sententiarum*, li *Exempla*, a li mutti arguti di Boccacciu, li riflessioni pitrusi di Leonardu da Vinci, li quattordici mila proverbi ricugghiuti di Giuseppe Pitrè ntâ Sicilia, la tradizioni di cundinzari la propria espirienza di vita cu frasi e riflessioni ca autri ponnu usari a beneficiu di l'autri, ha statu n'arti assai canusciuta e praticata. Pi chistu, potti cuntari supra li tradizioni siciliani e taliani avvicinannumi a li cumplessi miditazioni e riflessioni di Kleefeld supra lu munnu e supra lu postu di l'omu in iddu. Malgradu ca li testi di Kleefeld si ponnu classificari in manera ginirali comu riflessioni filosofichi supra la vita, iddi pussedinu na qualità speciali ca dumanna a lu litturi di firmarisi e cuncintrarisi supra lu missaggiu ca cuntenunu. Sulu pisannu l'aforismi attraversu la riflessioni lu missaggiu si pò cumprenniri nta tutta la so qualità tersa e limpida. Pirmittitimi di pigghiarini unu a comu veni veni:

> La morti è inerenti a la nascita di ogni principiu.
> Nta lu nostru moriri cuntinuu, ntô nostru distaccu,
> lu timuri si trasforma, dannu postu a la saggizza.

Lu pinzeri ca la vita e la morti sunnu parti indissolubili di un continuum nun è certamenti novu. Chiddu ca Kleefeld sta discrivennu ccà nun è sulu un fattu di la vita ma na rizzetta pi supirari lu nostru timuri di la morti trasfurmannulu nta saggizza e accettazioni. La chiavi pi capiri stu aforisma è nta lu suggerimentu ca niautri n'avemu a distaccari e taliari li cosi di na pruspittiva di l'eternità. Nui n'avemu a vidiri comu aneddi di na catina ca gira continuamenti. La saggizza a cui alludi Kleefeld è di lu stissu tinuri di chidda ca Sant'Austinu suggirìu a Pitrarca a la fini di lu *Secretum*. Doppu tri jorna di ntenza cunvirsazioni tra iddu e Sant'Austinu duranti li quali lu pueta si rifiuta ostinatamenti di abbannunari lu so amuri pi Laura e pi li attrazioni di stu munnu, Sant'Austinu ci dici ca l'unica cura pi la so malatia di spiritu era chidda di miditari supra la morti.

Li aforismi di Kleefeld nta stu libru sunnu variati, cumplessi e difficili di classificari: ponnu nasciri di na intuizioni, di na riflessioni supra la storia dû passatu, na illuminazioni mprovvisa, di na variazioni supra un pinzeri canusciutu, ma all'urtimata iddi rapprisentanu un invitu nta un munnu di riflessioni ca pò furniri illuminazioni e ncuraggiamenti pi crisciri e canuscirini megghiu.

AFTERWORD

I recently published a book of Sicilian proverbs. As we know, proverbs contain in succinct form the wisdom of a people as it emerges from centuries of their life experiences, their suffering and their joys. Thus when Stanley Barkan handed me Carolyn Mary Kleefeld's *Soul Seeds* and asked me to translate it into Italian it established a sense of continuity in my work, which became more urgent when we decided to translate the work into Sicilian as well. As president of Arba Sicula which promotes the language and culture of Sicily, it was important to translate Carolyn Mary Kleefeld's poetic and beautifully sculpted aphorisms into Sicilian because it would allow me an opportunity to show that Sicilian can express all the nuances of the English text that Kleefeld anchored in philosophy, psychology, and Eastern Religion in succinct, lapidary lines that reverberate in the readers' mind long after they have put down the book.

Sicilian and Italian were born as vehicles for poetic thought, first in the Sicilian School of poetry and then through the Tuscan triumvirate of poets (Dante, Petrarch and Boccaccio) and they are both extremely rich in Carolyn Mary Kleefeld's chosen field: beginning with the Latin *Flores Sententiarum*, the *exempla*, to the *motti arguti* of Boccaccio, the lapidary musings of Leonardo da Vinci, the 14,000 proverbs collected by Giuseppe Pitrè in Sicily, the tradition of condensing one's life experiences in sentences and reflections that others may use to their benefits has always been a well practiced art. Thus I was able to draw on the Italian and Sicilian traditions as I approached Kleefeld's complex musings and reflections on the world and on man's place in it. Although Kleefeld's texts may be easily classified as philosophical reflections on life, there is a special quality to her reflections that requires the reader to pause and concentrate on the message that's contained therein. Only by weighing the aphorism through reflection will the message manifest itself in its terse and limpid quality. Let me take one aphorism at random from the book:

Death is inherent in the birth of every beginning.
In our continual dying, in our detachment,
fear is transformed, yielding to wisdom.

The thought that life and death are necessarily bound as a continuum is certainly not new. What Kleefeld is describing here is not only a fact of life but a recipe for overcoming our fear of death and transforming it into wisdom and acceptance. The key to understand this aphorism is in the suggestion that we must detach ourselves and look at the matter from the perspective of eternity. Thus we see ourselves as links of an endless chain that turns. The wisdom that Kleefeld alludes to is the same kind suggested by St. Augustine to Petrarch in *The Secretum*. After the three full days of dialogue between himself and St. Augustine, in which the poet obstinately refuses to abandon his love for Laura and for worldly attachments, Augustine suggested to him that the only cure for his malady was to meditate on Death.

Kleefeld's aphorisms contained in this book are varied, complex and difficult to categorize: they may be born out of an intuition, a reflection on past history, a sudden illumination, a novel twist on a well known thought, but in the end they represent an invitation into a reflective world that can provide insights and prodding for self-enlightenment and growth.

Postfazione

Ho pubblicato recentemente un libro di proverbi siciliani. Come sappiamo, i proverbi contengono in forma concisa la saggezza di un popolo che emerge da secoli di esperienze di vita, di sofferenze e di gioie. Per questo motivo, quando Stanley Barkan mi diede una copia di *Soul Seeds* (Semi dell'anima) di Carolyn Mary Kleefeld chiedendomi di tradurlo in italiano si stabilì un senso di continuità nel mio lavoro che diventò ancora più urgente quando decidemmo di fare anche la traduzione in siciliano. Come Presidente di Arba Sicula che promuove la lingua e la cultura della Sicilia, era importante tradurre in siciliano gli aforismi poetici di Carolyn Mary Kleefeld che sembrano scolpiti nella pietra perché mi si dava l'opportunità di dimostrare che il siciliano è capace di esprimere tutte le sfumature del testo di Kleefeld ancorato nella filosofia, nella psicologia e nelle religioni orientali con frasi terse e lapidari che riverberano nella memoria del lettore a lungo dopo aver posato il libro.

Il siciliano e l'italiano sono lingue nate come veicoli per l'espressione del pensiero poetico, prima nella Scuola Siciliana e dopo tramite il triunvirato toscano di Dante, Petrarca, e Boccaccio e sono ricche di tradizione nel campo scelto da Kleefeld per il suo lavoro. A cominciare dai *Flores Sententiarum*, dagli *Exempla*, fino ai motti arguti di Boccaccio, alle riflessioni lapidarie di Leonardo da Vinci, e ai quattordici mila proverbi raccolti da Giuseppe Pitrè in Sicilia, la tradizione di condensare la propria esperienza di vita con frasi e riflessioni che altri possono usare per il loro beneficio è ben conosciuta e praticata. Per questo ho potuto contare sopra le tradizioni siciliane e italiane avvicinandomi alle complesse meditazioni e riflessioni di Kleefeld sopra il mondo e il posto dell'uomo in esso. Malgrado che i testi di Kleefeld si possano classificare in maniera generale come meditazioni filosofiche sulla vita, esse possiedono una qualità speciale che richiede al lettore di fermarsi e di concentrarsi sul messaggio che contengono. Solo pesando gli aforismi attraverso la meditazione si può arrivare a comprendere il messaggio in tutta la sua qualità nitida e pura. Mi sia permesso di citarne uno così come capita aprendo il libro:

> La morte è inerente alla nascita di ogni principio.
> Nel nostro morire continuamente, nel nostro distacco,
> la paura si trasforma, cedendo il posto alla saggezza.

Il pensiero che la vita e la morte siano indissolubilmente legati in un continuum non è certamente nuovo. Ciò che Kleefeld descrive qui non è semplicemente un fatto della vita, ma una ricetta per superare la nostra paura della morte, trasformandola in saggezza e accettazione. La chiave per capire questo aforisma è nel suggerimento di distaccarsi e guardare le cose con la prospettiva dell'eternità. Noi dobbiamo vederci come anelli di una catena che gira continuamente. La saggezza a cui allude Kleefeld mi fa pensare a quel suggerimento di Sant'Agostino a Petrarca alla fine del *Secretum*. Dopo tre giorni d'intenso dialogo tra Francesco e Sant'Agostino durante i quali il poeta si rifiuta ostinatamente di abbandonare il suo amore per Laura e per le attrazioni di questo mondo, Sant'Agostino gli dice che l'unico modo per curare la sua malattia dello spirito era quello di meditare sulla morte.

Gli aforismi di Kleefeld in questo libro sono variati, complessi e difficili da catalogare: possono nascere da un'intuizione, da una riflessione sulla storia del passato, un'illuminazione improvvisa e una variazione su un pensiero noto, ma in ultima analisi essi rappresentano un invito in un mondo di riflessioni che può offrire illuminazioni e incoraggiamenti per meglio conoscerci e per la crescita individuale

Nutizii supra l'autrici

Carolyn Mary Kleefeld nasciu a Catford, nta l'Inghilterra, e crisciu ntâ California dû Sud unni studiau arti e psicologia a la UCLA. Ntô 1980 si trasfiriu ntâ so casa supra la costa auta di l'Oceanu Pacificu a Big Sur, California, unni studia, scrivi e pitta in mezzu a la furesta ca la circunna.

Cu na passioni pir l'espressioni criativa e n'attrazioni di longa durata pir la trasformazioni psicologica, Carolyn è na primiata puitissa e artista, autrici di 19 libri assai di li quali hannu statu usati comu testi d'ispirazioni nta università in ogni parti dû munnu e tradotti in Braille pir la Bibliuteca dû Congressu Miricanu. La so arti ha statu oggettu di esibizioni in gallarii e musei a liveddu naziunali.

About the Author

Carolyn Mary Kleefeld was born in Catford, England, and grew up in southern California where she studied art and psychology at UCLA. In 1980, she moved to her cliff-side home high above the Pacific Ocean in Big Sur, California, where she studies, writes, and paints amidst the wilderness around her.

With a passion for creative expression and a lifelong fascination with spiritual transformation, she is an award-winning poet and artist, the author of 19 books, many of which have been used as inspirational texts in universities worldwide and translated into Braille by the Library of Congress. Her art has been featured in galleries and museums nationwide.

Notizie sull'autrice

Carolyn Mary Kleefeld è nata a Catford, in Inghilterra, ed è cresciuta nella California del Sud dove ha studiato arte e psicologia alla UCLA. Nel 1980 si trasferì alla sua dimora sulla costa alta dell'Oceano Pacifico a Big Sur, California, dove studia, scrive e dipinge in mezzo alla foresta che la circonda.

Con una passione per l'espressione creativa e un'attrazione di lunga durata per la trasformazione psicologica, Carolyn è una premiata poetessa ed artista, autrice di 19 libri molti dei quali sono stati usati come testi d'ispirazione in università in ogni parte del mondo e tradotti in Braille per la Biblioteca del Congresso Americano. La sua arte è stata oggetto di esibizioni in gallerie e musei a livello nazionale.

PO Box 370 Big Sur, California 93920 USA
(800) 403-3635
(831) 667-2433
info@carolynmarykleefeld.com www.carolynmarykleefeld.com

OTHER BOOKS BY CAROLYN KLEEFELD

The Divine Kiss / Sarut divin & In flacarile papadiilor / In the Flames of Dandelions
co-authored with Ioan Nistor
(poetry in Romanian and English)
Translated into Romanian and from Romanian to English by Dr. Olimpia Iacob
Limes, Cluj, Romania, 2014

Art & Poetry Broadsides
(from *The Divine Kiss* and by Adel Gorgy)
Cross-Cultural Communications, Merrick, NY 2014

The Divine Kiss
(poetry & art)
Foreword by Darin Deterra, PhD
Cross-Cultural Communications/The Seventh Quarry Press
Merrick, NY and Swansea, Wales 2014

Soul Seeds: Revelations and Drawings
(aphorisms in English and Korean)
Foreword by Dr. Jaihiun J. Kim
Translated into Korean by Byoung K. Park, PhD
Korean Expatriate Literature, Santa Fe Springs, CA
& Cross-Cultural Communications, Merrick, NY 2014

Vagabond Dawns
(poetry in English and Romanian)
Foreword by Alexandru Zotta
Translated into Romanian by Dr. Olimpia Iacob
Limes, Cluj, Romania 2013

Psyche of Mirrors: A Promenade of Portraits
(poetry, paintings, prose)
Preface by Peter Thabit Jones
Introduction by Vince Clemente
Foreword by Deanna McKinstry-Edwards, PhD
Cross-Cultural Communications/The Seventh Quarry Press
Merrick, NY and Swansea, Wales 2012

Vagabond Dawns
(poetry in English and Korean)
Translated into Korean by Irene Seonjoon Yoon
Korean Expatriate Literature, Santa Fe Springs, CA
& Cross-Cultural Communications, Merrick, NY 2012

Poet to Poet #4: Poems—East Coast/West Coast
(poetry)
with Stanley H. Barkan
The Seventh Quarry/Cross-Cultural Communications
Swansea, Wales and Merrick, NY 2010

Vagabond Dawns
(poetry with cd)
Foreword by David Wayne Dunn
Cross-Cultural Communications, Merrick, NY 2009

Soul Seeds: Revelations and Drawings
(philosophical aphorisms and art)
Foreword by Laura Archera Huxley
Cross-Cultural Communications, Merrick, NY 2008

Carolyn Mary Kleefeld: Visions from Big Sur
(Exhibition Catalogue)
Authored by Michael Zakian, PhD, art by Carolyn Mary Kleefeld
Pepperdine University, Malibu, CA 2008

Kissing Darkness: Love Poems and Art
(poetry)
co-authored with David Wayne Dunn
RiverWood Books, Ashland, OR 2003

The Alchemy of Possibility: Reinventing Your Personal Mythology
(prose, poetry and paintings, with quotes from the Tarot and I Ching; can be used as
an oracle),
Foreword by Laura Archera Huxley
Merrill-West Publishing, Carmel, CA 1998

Mavericks of the Mind: Conversations for the New Millennium
(Carolyn is interviewed along with Allen Ginsberg,
Terrence McKenna, Timothy Leary, Laura Huxley, *et al*.)
by David Jay Brown & Rebecca Novick
The Crossing Press, Freedom, CA 1993

Songs of Ecstasy, Limited Edition
(poetry)
Atoms Mirror Atoms, Inc., Carmel, CA 1990

Songs of Ecstasy
(art booklet commemorating Carolyn's solo exhibition)
Atoms Mirror Atoms, Inc., Carmel, CA 1990

Lovers in Evolution
(poetry and Palomar Observatory photographs)
The Horse & Bird Press, Los Angeles, CA 1983

Satan Sleeps with the Holy: Word Paintings
(poetry)
The Horse & Bird Press, Los Angeles, CA 1982

Climates of the Mind
(poetry and aphorisms)
The Horse & Bird Press, Los Angeles, CA 1979 (in 4th printing)

This book is also available from the original publisher:

Cross-Cultural Communications
239 Wynsum Avenue
Merrick, NY 11566-4725 USA
Tel: (516) 868-5635 Fax: (516) 379-1901
E-mail cccpoetry@aol.com   www.cross-culturalcommunications.com

FSC
www.fsc.org

RECYCLED
Paper made from
recycled material
FSC® C100212

Printed in November 2014
by Gauvin Press,
Gatineau, Québec